頭のいい人だけが知っている

お金を稼ぐ読書術

33歳で3億円をつくったインプット・アウトプット法

米国公認会計士
午堂登紀雄

ビジネス社

本書の構成

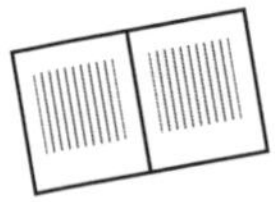

ビジネスパーソン・
起業家のための読書論 ➡ **1**章

お金を稼ぐ読書の
仕組みづくり・
本の選び方 ➡ **2**章

お金を稼ぐ読書術 ➡ **3**章

お金を稼ぐ
読書のアウトプット術 ➡ **4**章

コンサルタントが
実践している速読術 ➡ **5**章

読書で
トレンドを読む技術 ➡ **6**章

はじめに

「読書は手軽で効果的な自己投資である」という言葉はもう、聞き飽きたかもしれません。でも僕は今、その言葉を実感としてかみしめています。

僕はかつて、大学卒業後は就職もできずにフリーターになり、初めて就職した会計事務所もわずか1年で追われるようにして辞めました。次に転職した流通の仕事で踏ん張り、やっとのことで外資戦略系コンサルティングファームに転職できました。ここまでは、よくある話かもしれません。

その後、本書で述べる本の読み方をするようになってからは、自分の価値観が大きく変わり、行動が変わりました。その結果、投資で資産3億円を築くまでになり、独立起業を果たし、出版までも実現し、僕の世界は激変したのです。

そして僕は今も、たくさんの本を読んでいます。それがさらに、会社経営や投資に役立ち、次の出版につながり、優秀な社員や素晴らしい人脈を引き寄せる原動力になっています。

本で読んで実践することが、以前のダメサラリーマンだった僕には想像もできなかった世界へと導いてくれています。

読書は変化の触媒である

僕は、出版を目指している人の集まりによく顔を出しますし、自分でも「出版ブランディング塾」というのを開催していますが、驚くのは、「本をよく読んでいる人は出版を実現させている」ということです。

本の内容を実践することで、周りから応援され、出版というチャンスを引き寄せ、それがきっかけで独立起業し、自分の世界を変えていく。そんな光景をよく目にするようになりました。

また、経営者の集まりにもよく顔を出しますが、勉強会に来るような熱心な経営者は、読書量もすごい。でも彼らの多くは、自分が読書家であることを、あまり周囲には言いません。

おそらく、イチローが毎日素振りをするのは当たり前であるように、ビジネスパーソンにとって本を読むことは、もはや当たり前のことだからでしょう。

もし身近に〝ガンコオヤジ〟がいたら、どのくらい本を読んでいるか聞いてみてください。たぶん新聞くらいではないでしょうか。本を読まないと、自分の価値観に凝り固まってしまう危険性があるのです。

新聞と本はまったく異なります。**新聞から得られるのは「情報」ですが、本から得られるのは「情報を洞察する力」です。**つまり本を読むことで、多様な価値観と多様な視点が養われ、同じ情報に触れても、その他大勢には見えない意味を引き出すことができる。それがますますビジネスに活きるのです。

お金に変換させる読書が大切

僕は、読書とは、自分の人生を発展させるための、「自己投資」だと考えています。つまり投資というからには、リターンを期待した行為であり、そのリターンは何かというと、「お金を稼ぐ力」です。

それはなぜか、という理由は本文で詳しく書きましたが、経済的価値に変換できない読書は、他人に貢献していないということであり、単なる趣味にすぎないと僕は考えているからです。

趣味にリターンなんて求めないですよね。それに趣味の読書は自己満足の世界ですから、「術」とか「技」とか「方法論」とかは関係なく、自由に読めばいいはずです。

ですから投資としての読書は、ただ単にたくさん読めばいいというものではないし、速く読めばいいというものでもない。

読書でお金を稼ぐ?

では、「お金を稼ぐ読書」とは何かというと、たとえて言うと、日本伝統の格闘技の一つでもある、合気道のようなものじゃないかと思います。

最初のうちは、道場で師範(著者)にコテンパンに投げられます。「ガーンと頭を殴られる」とか、「目からうろこ」というやつですね。

そこで、「受け」や「投げ」といった型を、ひたすら師範のマネをして練習する。そして、試合、つまり実務を経験することによって、自分の技を磨いていく。試合を反省し、著者の繰り出す攻撃を研究し、受け止め方や流し方を学び、繰り返し稽古し、さらに実戦を通じ、少しずつ強くなる。次第に、他流試合（他の本を読む）をしても、相手の動きを読めるようになり、相手の力を利用して攻撃できるようになる。

つまり、いろいろな本から知恵を自分の中に取り込んで、思考を組み替え、さらに発展させられるようになるということです。

ただ、練習している姿は、周りの人からは見えません。他人がどれほど厳しい練習をしていても、それは見えないから、自分の練習量で十分だと思ってしまう。サボっても平気だと思ってしまう。

しかし、試合（実務）に出れば、練習の質・量の差が、結果（年収・年商）として出る。だから、**他人には見えない自分一人の時間を、いかに有効に使うかが大事であり、そこに読書術が必要な理由があるの**ではないでしょうか。

自分なりの読書法を編み出そう

こう思ったことはありませんか？

「なぜ世の中の成功者やトップビジネスパーソンは本を書くのだろう？　彼らのメリットは何だ？　もしかして成功する方法なんて書かれていないんじゃないか？」と。

もちろん、なかには自分の商売の宣伝道具として利用しようと考えている人もいるかもしれません。ただ、動機はどうあれ、ほとんどの著者は、「読者の役に立ちたい」と思って書いています。「読者に成功してもらい、その喜びを分かち合いたい」と思って書いています。

これは僕自身が本を書く立場になった今、強く感じていることでもあります。だから、というのもおこがましいですが、読者のみなさんには、**読書という行為をもっと信頼し、自分への活かし方を模索していただきたい**と思っています。

もちろん本書は、あくまでも僕個人の読書術にすぎません。誰かとまったく同じ人生やライフスタイルを送っている人はいないように、本書の内容がそのまま誰にでも使えるわけではないでしょう。

でも、「お金を稼ぐ力をつける」という視点からは、僕は自信を持ってこの読書法をオススメしたい。

そして、一人でも多くの人が本書からインスパイアされ、さらに効果的な自分なりの読書術を編み出し、お金を稼ぐ力を高めていただければ、著者としてたいへんうれしく思います。

２００９年６月

午堂登紀雄

頭のいい人だけが知っているお金を稼ぐ読書術　―もくじ―

2章 お金を生み出す読書の仕組み

3章 頭のいい人が実践しているお金に換える読書の技術

4章 お金を生み出すアウトプット読書法

5章 高速大量インプットするコンサルタントの読書術

カバー・本文デザイン／エムアンドケイ
イラスト／森　海里

序章

速読や多読以外の方法は存在しないのか

人生の節目にあった本との出会い

多くの人が指摘するとおり、僕も読書は素晴らしいと思っています。それは知識が増えたなどという表層的な側面ではなく、自分の人生の指針になったり、行動そのものを変えてくれたり、人生の転機のきっかけになったりする、という意味です。

サラリーマン時代を支えてくれた本

かつてコンビニエンスストア本部に勤めていた28歳のとき、「もっと会社をよくしたい」という使命感に燃えながらも、現場の反発に遭い、心が折れそうになった僕を支えてくれたのは、**『なぜ会社は変われないのか』（柴田昌治著、日本経済新聞社）**でした。

この本のおかげで、「組織は人間によって構成され、感情を持つ人間によって運営されている」という当たり前のことに気がつき、現場との対話によって、現場を巻き込んで改革を進めることができました。

また、この経験が後に経営コンサルタントとして、クライアント企業の中に入り込んで変革を起こす地力をつくってくれたと思います。

その経営コンサルタント時代に読んだ**『V字回復の経営』（三枝匡著、日本経済新聞社）『ザ・ゴール』『ザ・ゴール2』（エリヤフ・ゴールドラット著、ダイヤモンド社）**は、クライアントとともに、プロジェクトを円滑に推進するのに役立ちました。

独立起業を与えてくれた本

そして、サラリーマンとして働くことに何の疑問も持っていなかった僕に、「起業」という選択肢を現実的なものとして突きつけてくれたのは、経営コンサルティングファームで働いていた30歳のときに読んだ**『社長失格』（板倉雄一郎著、日経BP社）**でした。

この本は、当時の僕には衝撃的でした。著者の板倉氏が、起業してから上場寸前まで会社を拡大し、倒産・自己破産に追い込まれるまでのエピソードをつづった自叙伝ですが、僕の職業観を大きく揺さぶり、自分の生き方を真剣に考えるきっかけになりました。そして、「独立起業」を意識するようになったのです。

この直後から、猛烈な勢いで起業家の自伝を読みあさりました。この本を読まなければ、もしかしたら僕はまだ、サラリーマンをしていたかもしれません。

投資や情報のリテラシーを教えてくれた本

32歳のときに読んだ**『金持ち父さんの若くして豊かに引退する方法』（ロバート・キヨサキ著、筑摩書房）**は、僕のお金に対するパラダイムを大きく変えてくれました。投資をしようと決めたものの、どんな投資がいいのか、どうやって考えればいいのか迷っていた僕に、不動産投資という手段を教えてくれた本です。この本で形成された思考の枠組みが、ほかの投資本やマネー本を読んだときの理解を深め、吸収を高めるのに役立ちました。

33歳のときに読んだ**『世界が完全に思考停止する前に』（森達也著、角川書店）**は、それまで僕が抱いていたテレビや雑誌といったメディア情報に対する見方を180度くつがえし、情報分析力・情報編集力の向上に大きく貢献してくれました。彼の著作からは本当に大きな影響を受けています。

魂が揺さぶられ、価値観が劇的に変わり、行動が大きく変わる。変化した行動によって、結果が変わる。その経験は、読書と自分の関係に対する信頼感につながりました。つまり、**本を読み試行錯誤することは、必ず自分にとってよい結果につながるんだという自信と、読書という行為への信頼感**です。

本をたくさん読むようになって人生が変わった

僕が自己投資としての読書をするようになったのは、30歳を過ぎてから、という、わりと遅めのデビューです。それまでは、いわゆるビジネス書のたぐいはたまにしか読んだことがありませんでした。読書が好きとかキライとかそういう意味ではなく、ただ単に本を読む習慣がなかった、あるいは興味がなかっただけでした。

大学卒業後、フリーターを経て就職したとき、「勉強しなきゃいけない」と思って、「最新経営手法」とか、「問題解決で使えるフレームワーク集」とかを読みましたが、ただ単に知識を求める読書しかしていなかったように思います。

実際、それらを読んだことで、自分が成長したとか、収入が増えたということはありませんでした。日経新聞や日経ビジネスを読んでいたにもかかわらず、初めて就職した会計事務所は、クビ同然で追われてしまいましたから。当時の僕は、がんばっているフリをしていただけで、本の内容を鵜呑みにし、完全に思考停止していたのです。

30歳のとき、前述のように起業を意識して乱読する日々が続きましたが、僕の世界が大きく変わったのは、32歳で投資に目覚めたときでした。本書で述べる読み方をするようになってから、アウトプットの質と量は格段に向上し、僕に多くのお金をもたらしてくれるようになりました。

もちろん、職業の変化や経験の蓄積による部分も大きいと思いますが、本をあまり読まなかった20代の頃と比べると、年収は5倍以上、人脈（という表現は好きではありませんが）に至っては１００倍以上になりました。

投資もマーケティングもすべて本で学んだ

僕が不動産投資を始めたのも、株式投資やFXを始めたのも、起業したのも、読書のおかげといっても過言ではありません。読書による気づきが行動を変え、それが人との出会いを運んでくれました。本から得たテクニックやノウハウを実践する中で、マーケティングや経営というものがわかってきました。

そして、今こうしてたくさんの本やコラムが書けるのも、読書のおかげです。わかりやすい文章表現は、やはり本を読まなければ磨かれないし、コンテンツづくりやキャッチコピーでも、読書によって多大なるヒントをいただいています。

僕の場合、月に約5万円の本代がかかっていますから、1年で60万円、5年で300万円かかっている計算になります。しかしそれが**投資で3億円に化け、数億円の会社の売上に貢献し、数千万円の印税をもたらし、数千万円のコストダウンにつながっています。読書とは、なんとも効率のいい投資**ではないでしょうか。

と言いながら、最近僕は、自己投資としての読書には、やはり技術というか、身につく読み方と、身につかない読み方があるのではないかと思うようになりました。

速読できなくても、多読できなくても大丈夫！

たとえば、資格試験などの受験勉強。同じ時間を勉強に費やしても、合格する人と落ちる人がいる。高学歴でも落ちる人がいる一方で、いわゆる三流大学と言われる学生でも合格する人がいる。

これはつまり、必ずしも投下した時間の長さや記憶力のよさで成果が決まるわけではないということを示しています。

読書も同じで、たくさん読んで時間とお金をかけているにもかかわらず、肝心な収入のほうはさっぱり、という人を頻繁に目にするようになったのです。

「成功者はみな、速読家で多読家だ」

「成功するためには、速読して、たくさん本を読まなきゃいけない」

……ほんとう？

速読や多読の本が売れていて、速読スクールが活況だそうです。ビジネス書籍の売上も比較的好調だという話も聞こえてきます。

不況による先行き不透明感のため、読書によって自己研鑽に励む人が増えているのでしょう。世の中には「本を読まないと成功できない」という論調もあり、それがますます人を読書に向かわせます。

でも、気にすることはありません。速読できなくても、多読できなくても大丈夫です。なぜかというと、ちょっと考えてみてください。

なぜ本の数ほど成功者が出てこないのか？

世の中には、たくさんのビジネス自己啓発本、成功法則本、投資指南本があふれています。その中には、成功のためのエッセンス、お金持ちになるためのエッセンスがぎっしり詰まっています。つまり、「教材」は世の中に掃いて捨てるほどたくさんある。ならば成功する人がもっと増えてもいいはず。しかし周りを見て、実際に成功している人はどれくらいいるでしょうか？

「そういえば、あまりいないな……」

と感じる人も多いのではないでしょうか。

これだけ多くの知恵が詰まった本があふれ、人間の活動のあらゆる分野で本が出版されているにもかかわらず、なぜ世界の問題は解決されるどころか、ますます大きく深刻になっていくのか。なぜ僕たちの生活は豊かになっている実感がわかないのか。

それはやはり、僕たちの学習方法に、何か問題があるからではないでしょうか。そういう問題意識の中で、本書を書くに至りました。

1章

読書はお金を生み出す道具

お金を稼ぐために本を読む

そもそも、僕たちは何のために読書をするのでしょうか。

人によって異なると思いますが、僕は**読書の目的を「もっと稼げる人材になるため」と定義**しています。

僕にとって、お金に変換できない読書はすべて暇つぶし、娯楽、あるいは自己満足という趣味の世界のものです。

もちろん読書には、モチベーションを高めるとか、悩みを解決する、感動する、という目的もありますが、そういう読書は基本的に読み方は自由です。つまり好きなように読めばいいので、読書術や読書論なんて不要なはずです。

本書はビジネス書です。多忙なビジネスパーソンにとって、ビジネス書を読むということは、貴重なお金と時間を投下する行為ですから、いわゆる「投資」です。

だから、つねに**「求めるリターンは何か？」**を意識する必要があります。もちろん、人それぞれいろいろな期待リターンがあると思いますが、本書では、最終的に「稼ぎ力を高める」ために読もう、と提案しています。

こう極端な言い方をするのには理由があります。

ビジネス書を読むことは投資、ならばリターンは何か

仮に今、あなたが宝くじで100億円当たったとします。現金で100億円あれば、1年に1億円ずつ使っても、100年間は生きられる。金利1％の定期預金に預けていても、年間1億円の利息収入になります（実際には源泉課税されるので8000万円です）。つまり、年間2億円、月にして1500万円以上使ってもへっちゃらな状態ができるわけです。

想像してみてください。

そういう状態になって、メモ術や整理術などのビジネス書を読むでしょうか？

読む必要なんてないですよね。なぜなら、日々起こる問題のほとんどはお金で解決

できるからです。サブプライム問題やリーマンショックに起因する世界的な不況も、結局は全員がお金に振り回されている、ということがわかったようなものです。

何のために経営書を読むかというと、会社のマネジメントをもっとうまくやって、業績を上げるため。

起業本を読むのは、起業して成功するため。

時間術の本は、無駄を省き、より稼ぎにつながる仕事をする時間をひねり出すため。

勉強法の本は、できることの幅と深さを広げ、昇進などでより稼げるようになるため。

問題解決の本もプレゼンや話し方の本も人脈の本も、最終的には、稼ぎ力の足りない今の自分を、より稼げる自分に変化させるために読むものです。

それに、無駄な出費を避け、もっと楽しいことにお金を使えるようになりたい。そのためには、自分でものごとの価値を見極め、騙されないようになる必要があります。

たとえば、政府の誘導に乗って、環境対策にあまり効果のないエコバッグを買わされたり、健康維持に疑問のあるメタボ検診を受けて診察料を払わされたりしない。企業の広告宣伝を鵜呑みにして、役に立たない商品を買わされない、ということです。

嫌いなことはやらないで、好きなことだけをするためには、やはりお金が必要なのではないでしょうか。

お金を稼ぐ人はこんな人

読書家のすべてが成功するわけではありませんが、いわゆる成功者と呼ばれている人の多くは、読書家という側面を持っています。これは経営コンサルタント時代、そして独立してから僕が出会った成功者を観察して得た一つの結論です。

同じ「本を読む」という行為をするなら、当たり前ですが、成功につながったほうがいい。それが本書のテーマでもある、「お金に換える読書」です。

新しいことや新しいノウハウを知るために読むのなら、知的好奇心を満たすという、ただの娯楽にすぎません。それで満足する人たちが、次々に新刊を買い、出版業界にお金を落とし、著者に印税を落としていただいて、それはそれで結構なことです。

しかし、お金に換金できないのなら、読書だけじゃなく、人と会うとか、もっと他のことに時間とお金を使ったほうがよいのではないか、とも感じます。

僕も本を読む理由は単純明快、「もっと稼げる自分になるため」です。

ちょっと引いてしまいますか?

でも、お金を稼ぐというのは、お客様に喜んでもらえることをする、ということです。言い換えれば、「お客様の役に立つ自分になる」ということになります。そして、そのためには、もっとお客さまに喜んでもらえるようなアウトプットをする必要がある。

つまり**「もっと稼げる自分になる」というのは、「もっと人の役に立つ自分になる」ということですから、読書の目的として定義するに足る十分な価値がある**と思っています。

僕は本を読むとき、「この情報をどうやったらカネに換えられるか？」という視点で読むようにしています。たとえば今の僕の収入源で主なものは、会社からの役員報酬、投資からの収入（家賃、配当、利息）、講演・取材による収入、出版からの印税収入、などです。

そこで、**「どうすればこれら収入源をもっと大きくできるか、あるいは新たな収入源を増やせるか？」**という視点で読むのです。そういう意識を持って読むと、どんな本からでも学ぶことができます。

情報収集は読書ではなく「作業」

知識を得るために読書をする、という人も多いでしょう。

たとえば経営コンサルティングのイントロ場面（プロジェクトの全体像をプランニングする最初の段階）では、大量の文献や資料に目を通します。本だけでなく、専門誌や白書、業界新聞、調査機関が出しているレポート、日経テレコン21で検索した膨大な新聞・雑誌記事……。ここで重要なのは、量とスピードですから、もちろん全部読むことはありません。

大量の文献の中から必要な情報だけをいかに効率よく収集するか、が重要ですから、目的とキーワードを意識し、スキャンするようにページをめくっていく。1日10冊は当たり前の世界です。

でもこれは、**「リサーチ作業」という、ただの「作業」にすぎません。リサーチ作業の先にある、「考える」という行為を通じてこそ付加価値が出せ、「実行する」という行為を通じてこそ、変革が起こせる。**

ピーター・ドラッカーが主張するように、「知識は、本の中にはない」のです。彼は、「本の中にあるのはたんなる情報のみであり、知識とはそれらの情報を仕事や成果に結びつけて得たものである。そして知識は、人間、すなわちその頭脳と技能の中のみに存在する」と言うのです。

「作業」をいくらたくさんやっても、物知りにはなれても、仕事の能力が高まるわけではありませんし、何か偉大な発明や発見につながるわけでもありません。それに、

ビジネスパーソンにとって読書とは？

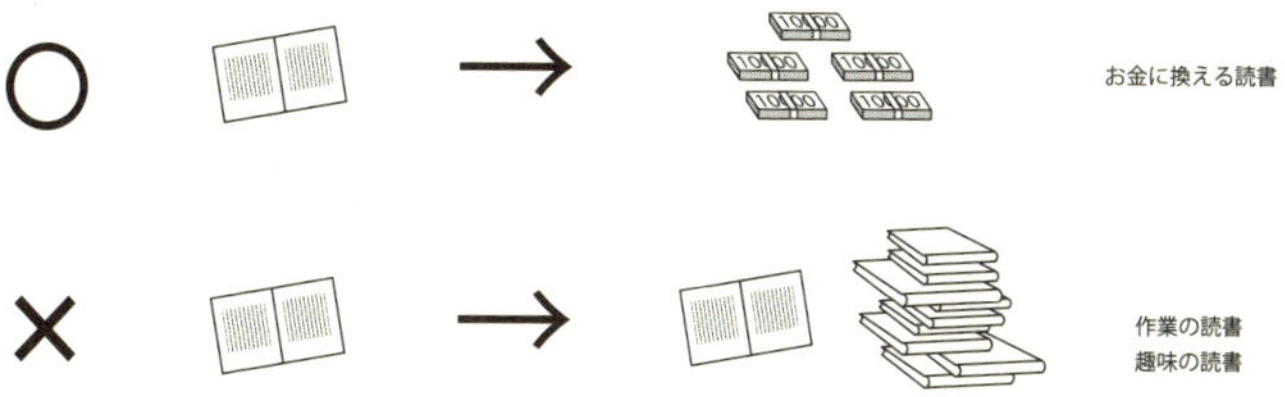

本として世の中に出たそのときから内容は陳腐化しますから、本で得た情報をありがたがる読書では、成果につなげにくいのです。

稼いだお金がアウトプットの指標

「いや、読書には教養を身につけ、人格を形成するという効用もあるはず」という意見もあるでしょう。確かにそういう側面はありますし、大切なことだとも思います。

しかし、教養や人格形成は、読書による効果を測定することがなかなか困難です。効果測定できないものは投資とは言えません。僕も、**『菜根譚』（洪自誠著、ディスカヴァー・トゥエンティワン）**や**『孔子』**（渋

沢栄一著、三笠書房）などを読みますが、人格形成や心のあり方を模索するためですから、効果測定は気にしないで、じっくり自由に読んでいます。

やはり自己投資としての読書という視点に立ち、「アウトプットの付加価値」や「相手から得られた感謝」の大きさをはかるには、「お金」が最もわかりやすい指標なのです。

したがって、情報収集目的で文献を読むというリサーチ作業は、本書では読書とは言いません。僕が定義する**読書とは、稼ぎ力を高める思考作業**なのです。

お金に換える技術

お金に換える読書とはどういうことかというと、ビジネスパーソンや事業家であれば、本から得た情報を自分の中に取り込んで実践し、軌道修正してさらに繰り返し実践し、収入をアップさせることです。

作家などであれば、本から得た情報に、自分の経験や考えを練り込んで再構成し、新たな価値を生み出してお金をいただく方法もあります。

しかし、同じ本を読んでも、人によって結果が異なるのはなぜでしょうか。それを解くカギは**「思考体系」と「行動体系」**にあります。

自分の行動を支配するものは何でしょうか？

たとえば同じ「赤信号」という状況でも、大丈夫だと考える人は渡るでしょうし、交通規則だから守らなきゃいけない、と考える人は渡りません。「株価が低迷」という状況は同じでも、「安く買えるチャンス」と考えて買う人もいれば、「やっぱり株はこわい」と遠ざかる人もいます。同じ状況に遭遇しても、行動が異なるのは、人それぞれ考え方が異なるからです。

僕たちは普段、

状況→感情→思考（判断）→行動→結果

というサイクルをつねに繰り返しながら生きています。これは意識的であったり無意識的であったりしますが、「歯を磨く」のように生活習慣の一部になってしまえば、苦労やガマンとはおさらばです。

ということは、**稼げる人材になるとは、今の自分は持っていないけれど、稼ぐ人が持っている習慣を手に入れる**ことでもあります。

思考が行動を支配し、行動が結果を支配する

たとえば「不景気」という状況に直面したとします。

左の図をご覧ください。

AさんとBさんとCさんは、「不景気」というまったく同じ状況に直面しているにもかかわらず、まったく異なる感情を抱き、それが思考に影響を及ぼし、異なる行動を起こします。すると当然ですが、結果も異なります。

つまり、思考体系と行動体系に影響を与えるのは、状況に直面して抱く「感情」です。しかし、稼ぎ力のある人は、感情の段階ですでに僕たちとは違う。これは、先ほどの歯磨きのように、習慣になっているからです。

	状況	感情	思考	行動	結果
Aさん	不景気 ➡	仕方ないな ➡	まあこういうこともある ➡	普段通り ➡	ますます苦しい
Bさん	不景気 ➡	不安だ ➡	出費を控えたほうがいいな ➡	貯蓄に励む ➡	現状維持
Cさん	不景気 ➡	チャンスだ ➡	ビジネスチャンスがあるはず ➡	調査提案 ➡	昇進・昇給

では凡人はどうすればいいのか？

感情はすぐには矯正できないから、湧き起こってしまう感情は仕方ありません。ですから、**その後の思考を「意識して変える」ということが必要**なのです。

思考体系を変える読み方

つまり、自分の思考体系を変えるような読み方をしなければ、何百冊、何千冊読んだとしても、行動が変わらず結果も変わらないということになります。本代に何百万円、読書に何百時間費やしたとしても、です。

それに、もし読書がカンタンに人を成功に導くなら、図書館の司書や書評家は全員大金持ちになっているはずです。

僕たちは毎日たくさんの取捨選択をしながら人生をつくっています。そしてもし今の自分に満足できていないのなら、今までの取捨選択が適切ではなかっていたということです。

ということは、その取捨選択を変えなければならないはず。それなのに従来と同じ取捨選択をしようとしているから、どんな本を読んでも満足できる結果が得られないのです。

少し具体的に言いましょう。

「成功者に学べ」とはよく言われることですが、多くの人が間違うのが、「いいところだけを取ろうとする」ことです。つまり、成功者の話を読んで、「これは使えるな、これは使えないな」と判断する行為です。

ところが、今までのそういう自分の判断が、今の自分をつくっているわけで、その自分を変えたくて成功本を読んでいるはずなのに、また同じことをしてしまう。

うまくいっていない自分の価値観で判断するのは、うまくいかない自分を再生産す

るだけですから、結局何冊読んでも変わらないわけです。

そういえば、『夢をかなえるゾウ』（水野敬也著、飛鳥新社）の中にも、ガネーシャのこんなセリフが出てきます。

「今まで、自分なりに考えて生きてきて、それで結果出せへんから、こういう状況になってるんとちゃうの？」

「成功しないための一番重要な要素はな、『人の言うことを聞かない』や。そんなもん、当たり前やろ。成功するような自分に変わりたい思とって、でも今までずっと変われへんかったっちゅうことは、それはつまり、『自分の考え方にしがみついとる』ちゅうことやんか」

思考をリストラクチャーする

スピードなんて遅くってもかまわないし、たくさん読めなくてもかまわないんです。早く読むことやたくさん読むことが目的じゃないからです。本を読む本当の目的は、もっと問題解決力が高まり人の役に立ってお金を稼げるようになり、ハッピーになるためだからです。

今までは「壁にぶつかったら引き返す」という判断をしていた自分を、たとえば「ハシゴを使って乗り越えられる」自分になる。あるいは「誰かに肩車をしてもらって乗り越えられる」自分になる。もしくは「ドリルや大砲を使って壁を壊すことができる」自分になる。そんな自分に組み変える必要があるのです。

本に書いてある情報を自分の脳にくぐらせ、それまでの固定観念や偏った思考の枠組みを破壊し再構築し、より付加価値のあるアウトプットができる思考体系や行動体系をつくる、そんな**思考を「リストラクチャー（再構築）する」読書術**が本書で追求したいテーマです。

大切なお金を奪われないために

世の中の常識と言われるものはたくさんありますが、**因果関係がはっきりしないものにお金を使うのは、自分の資産を減らす**ことになりかねません。ですから、自分を守るためにも、比較読書（3章で詳述します）が必要です。

僕は、比較読みが必要なのは、特に資産運用に関する本だと思っています。

たとえば、ゴルフをやったことがない人が、「ゴルフ上達法」という本を書くことはありませんが、**資産運用の世界では、投資経験のない人や投資で利益を出す技術がない人でも本を出し、そこそこ売れるという摩訶不思議なことが起こっています。**

自慢話に聞こえてしまったら申し訳ないのですが、僕はおそらく、普通の人よりは投資関連書を多く読んでいると思いますし、普通の人よりも実践経験も豊富だと思います。

もっとも、投資の世界に身を投じたのは、2003年ですから、その道のプロと比較すればヒヨッコですし、会社経営や書籍執筆の合間ですから、時間も限られている面はあります。

しかし、株ひとすじ、不動産ひとすじ、FXひとすじ、という人とは異なり、ほとんどの種類の投資を経験していて、しかも一瞬でボロ儲けしたこともあれば、追い証の連続で投下資金全部をパーにしたこともあります。

そういう経験を通じ、投資でサラリーマンの年収分の利益を出すようになってからは、世の中の資産運用の本には、「理屈はわかるけど、それで本当に利益が出せるのか？」というような、空理空論のものも数多くあることに気がつきました。

投資本を真に受けない

僕は基本的に投資推奨派ですが、人には向き不向きがあります。それに、お金の稼ぎ方は投資だけじゃないことも知っています（僕の会社に相談に来る人に、投資を勧めないこともあるくらいです）。

本に書いてあることをすぐやってみる、という姿勢は必要ですが、マネーの世界には不適切な本もたくさんありますから、注意が必要です（もちろん、僕の本も疑って読んでください）。

金（ゴールド）投資を勧める人もいれば、否定する人もいる。日経平均は復活するという人もいれば、まだ下がるという人もいる。レバレッジを肯定する人もいれば否定する人もいる。これからはユーロだという人もいれば、やっぱ米ドルだという人もいる。

いろんな主張のいろんな本がありますから、とにかく一つの意見に流されないで、たくさん読んでみてください。その中から、自分の性格やライフスタイル、余裕資金と照らし合わせながら考え、なくなってもいいと思える少額のお金から少しずつ実践してみましょう。

他人から仕組まれた常識に従って行動することは、不要なものを買わされたり、価値以上の高い価格で買わされたりすることになります。これが資産運用であれば、運用はできるけれども資産は減ってしまう、ということになりかねません。

そこで、自分がお金を払っているものが、リターンを意識した投資なのか、「なんとなく」という思考停止したものなのか、関連する本を探して読んでみましょう。

たとえば……。

無駄な生命保険を避けるために、**『おすすめ生命保険には入るな』（後藤亨著、ダイヤモンド社）**。

自動車関連費を安くあげるために、**『クルマが長持ちする7つの習慣』（松本英雄著、二玄社）**。

無意味な健康食品を買わされないために、**『メディア・バイアス　あやしい健康情報とニセ科学』（松本和紀著、光文社）**。

投資用不動産を買うとき、業者にだまされないために、**『失敗をゼロにする、実戦不動産投資入門』（秋津智幸著、アスペクト）**。

各テーマでどれか一冊読んでみて、興味が湧けば、類書を複数冊読んでみるとよいでしょう。

本に答えは書かれていない

「絶対儲かる成功法則」なんてものは存在しませんが、なぜそういうタイトルの本が出るかというと、そのほうが売れるからです。売れるなら、著者としても出版社としても、やはり売れるタイトルで出そうとします。

実際、読者に考えさせるような本ではなく、「これが必勝法」「このとおりにやればうまくいく」という論調の本が売れる傾向にあります。

でも、そんなのは幻想です。

たとえば、ガイドブックや辞典や手引き書には答えが書いてあります。

なぜ答えがあるか？

それは、知ってもお金にならないからです。お金にならない情報は簡単に入手できますが、お金になる情報は入手が難しい。なぜかというと、**お金になる情報は、リス**

ク、恐怖、困難、という仮面をかぶって流通しているからです。

お金持ちになる答えがあれば、全員お金持ちになれます。でも現実にお金持ちになれる人が少ないように、そんな答えはありません。そもそも、本に答えは書いていないし、そういうものを期待しても、プロセスをとばして結果だけ求めようとしますから、結局うまくいかない。

ですから**本には、答えではなく、たくさんのダイヤの原石、つまりヒントが隠されていると**見るべきです。だから、その原石を磨いてあげなければならない。つまり、自分の力で、リスク・恐怖・困難という仮面を剝がしてあげて、なおかつ繰り返し実践しなければならないのです。

著者のかつてのプロセスを理解する

もうひとつ。

「これでうまくいった」と書いていても、そこには必ず長年のプロセスが隠されていますし、「これをすれば大丈夫」と書いていても、「それを繰り返して徹底的にやる」

という前提条件が隠されています。

たとえば「成功した実業家の今」という結果は誰でも見えます。しかしその人が歩んできた数十年の苦労と努力は、誰にも見えません。

すごい人や目標にしたい人がいたとして、今のその人がやっていることを真似したって、自分の役には立たない。スキーでパラレルも満足にできない人が、V字ジャンプの飛行姿勢を練習しても意味がないのと同じです。

本当にやるべきことは、**今のその人がやっていることを真似るのではなく、その人がその人になっていく発展途上でやっていたことを真似ること**のはずです。

今は情報量が多いですから、いろんな成功者の結果だけなら、いくらでも目にすることができます。しかし、その人が成功するまでの努力のプロセスは、なかなか伺い知ることはできません。

だから、依存心や一発逆転願望の強い人、想像力が欠如している人は、今の姿だけに注目し、結果や成果を急ぐのです。でも結局は、そういう人が情報商材や各種セミナーのカモになり、ただお金を失うだけになってしまうのです。

著者のプロセスは、一冊の本で表現できるほど浅いものではありません。だから、気に入った著者の本は全部読み、その人が成功途上に何をしてきたかを知る。そうやって思考体系と行動体系を吸収することで、今の自分には何が足りなくて、これから何をすべきかがわかるのです。

コラム

「自分はどう行動するか」を前提に読む

僕の会社の主要な告知媒体はネットですから、クリックしてもらえる、あるいは読んでもらえるコピーを考える必要があります。そこで、セールスコピーの本を参考にします。

こういう仕事直結の本を読むときは、電車なら始発駅で座り、仕事の後や休日ならカフェに入り、ノートかパソコンを広げて読みます。そうやって本を読みながら、「自分の会社のセミナーには、こういうコピーをつけよう」「新規ウェブページの見出しはこう書こう」などと、読みながらつねに自分の仕事に置き換えて、ひらめいたら途中で本を閉じ、実際に書いていくのです。

ノウハウ本は、「自分の仕事に応用するとどうできるか?」「自分ならどうするか?」を考えながら読むと、読書と仕事が一体化し、アウトプットがたくさん出てきます。

視点を変えれば、役立つことがわんさか見つかる

前述のとおり、僕は複数の立場を持っています。そうすると、たとえば一冊の「人脈術」の本を読んでも、いろんなことに応用できます。

たとえば投資なら、「業者やアドバイザーとのパイプを太くするために、本気度を示し誠実に対応する」。ボイススクールなら、まずは「相手の声の悩みを聞き、声を出してもらって問題の原因を探る」。

本の執筆でも、仕事の本なら「人脈には新陳代謝が必要」、時間の本なら「友人にするならスピードと応援力のある人を選ぶ」、新入社員向けの本なら「貢献力がないうちは人脈作りなど不要」と、いろんな切り口から言えるので、一冊が幅広く役立ちます。

自分の立場が一つしかないと、一つの側面からしか本を切ることができませんが、複数の立場を持つことで、複数の視点から読み取り、活用することができます。すると、**一冊1500円の本代が、10000倍以上のお金に化ける**わけです。

す。つまり、**一冊の本を骨までしゃぶるには、複数の視点を持つ**ことが有効です。

そんなにないって？

いえいえ、実は誰でも複数の立場を持っているものです。

会社員という立場でも、上司から見れば部下、部下から見れば上司、取引先から見れば得意先の担当者。家に帰れば、彼氏、彼女、夫、妻、父親、母親かもしれない。親から見れば自分は子供。祖父母から見れば孫でしょう。

あるいはブログやメルマガのオーナーかもしれない。投資家やアフィリエイターかもしれない。草野球チームやフットサルチームに所属していれば、そのチームメンバーの顔がある。

誰でも複数の立場があるわけですから、自分の異なる立場を意識しながら読めば、どの立場でなら本のここは使えるか、あそこは使えるか、ということが学べます。

この章のまとめ

- □ ビジネスパーソンにとっての読書とは、「稼ぎ力」をつけるためのもの、すなわち、「お金に換える読書」でなければならない。
- □ 読書で思考体系を変える（思考をリストラクチャーする）ことで、行動体系を変えていく
- □ 安易に本に答えを求めない
- □ 成功した人が現在やっていることではなく、発展途上のプロセスを参考にする（真似てみる）

2章

お金を生み出す読書の仕組み

仕組みをつくる前に経験したいこと

読書が苦手な人、あるいはまだ習慣になっていない人は、内容や読み方うんぬんよりも、まずは読書を習慣づけることを考えてみましょう。義務になってしまうとつらくなって続きませんから、もっと肩の力を抜いて読むようにするのです。

そこで、まずは**「読書は楽しい」**ということを体感してみましょう。そのために、**「読むべき本」ではなく、「読みたい本」から入る**ことも、活字慣れする一つの方法です。

あるいは、マンガから入るのも手でしょう。最近はビジネス漫画も増えていますから、材料には事欠きません。

活字に抵抗がない人は、最初は難しい本ではなく、気分のよくなる本、元気が出る本を読むことから始めてみましょう。たとえば、自己啓発書の中から**「自分の価値観を後押ししてくれる本」**を読んでみる。

書店で手にとってぱらぱらとめくり、「そうそう、自分もそう思ってるんだよね」とか、「お、それは自分もやってるぞ」という項目がいくつか目に入ってくるような本です。そうした本を何冊か読み、読書によって気分が高揚することを実感してみるのです。

たとえば、左記のような本を読むと、とても元気づけられます。

『一瞬で自分を変える法―世界No.1カリスマコーチが教える』（アンソニー ロビンズ著・本田健訳、三笠書房）

『やる気のスイッチ』（山崎 拓巳著、サンクチュアリ出版）

まずは本を読む快感を知る

あるいは、自伝などもよいでしょう。特に起業家の体験談は大いに触発されます。僕の場合は、前述の通り『社長失格』を読んで衝撃を受け、次々と起業本を読むようになりました。ほかにもたとえば、

『タフ&クール』（長谷川 耕造著、日経BP社）

『ポップコーンはいかがですか？』（山本マーク豪著、新潮社）…経営とは数字と情熱、という彼の突破力は、すごいの一言です。

『ネット起業！あのバカにやらせてみよう』（岡本呻也著、文藝春秋）…これもモーレツにやる気になること請け合いです。

『気骨』（呉士宏著、日経BP社）なども自分の気持ちを奮い立たせてくれました。

そうやって、まずは読書に慣れる。読書は楽しいんだ、ということを実感すると、もっと本を読みたくなります。

稼ぐ読書の「仕組み」

読書を習慣にするためには、自然に読書に向かうよう、「仕組み化」する工夫をしてみることも大切です。

そこで僕が心がけている、稼ぎ力を高めるための「仕組み読書術」をいくつか紹介します。もちろん、これがすべてではないし、人によっては適さないものもあると思うので、あくまでヒントととらえ、自分の性格やライフスタイルに合わせて、いろいろ工夫してみてください。

1　いつでもどこでも読む環境をつくる
2　カバンの中に本を複数忍ばせておく
3　未読本を増やす～中身は読まなくてもいい？～
4　買ったらすぐ読む
5　本をバラバラに分解する
6　同時に20冊を並行して読む
7　適齢期が来るまで寝かせる
8　自宅を「書店化」する
9　本の内容は忘れてもいい
10　時間があったら本は読まない

1 いつでもどこでも読む環境をつくる

まず、読む場所や時間は自由である、と考えてみましょう。

僕の読書場所は主に電車の中ですが、決めているわけではありません。無性に読みたい本があれば家でも読みます。

ビールを飲みながら読むこともあるし、フトンの上に寝っ転がって読むこともある。まれにお風呂の中でも読むことがあります（濡れないように読むのがちょっと面倒くさいですが、ぬるめのお湯につかると、とてもリラックスして読めます）。

あるいは、電車を待っている時間、人と待ち合わせている時間、レストランで注文した料理が出てくるまでの時間、一人で食事をしている時間はもちろん、マンガに夢中になると歩きながらでも読みます（危ないのでおススメはできませんが）。

本はいつどこでも読める！

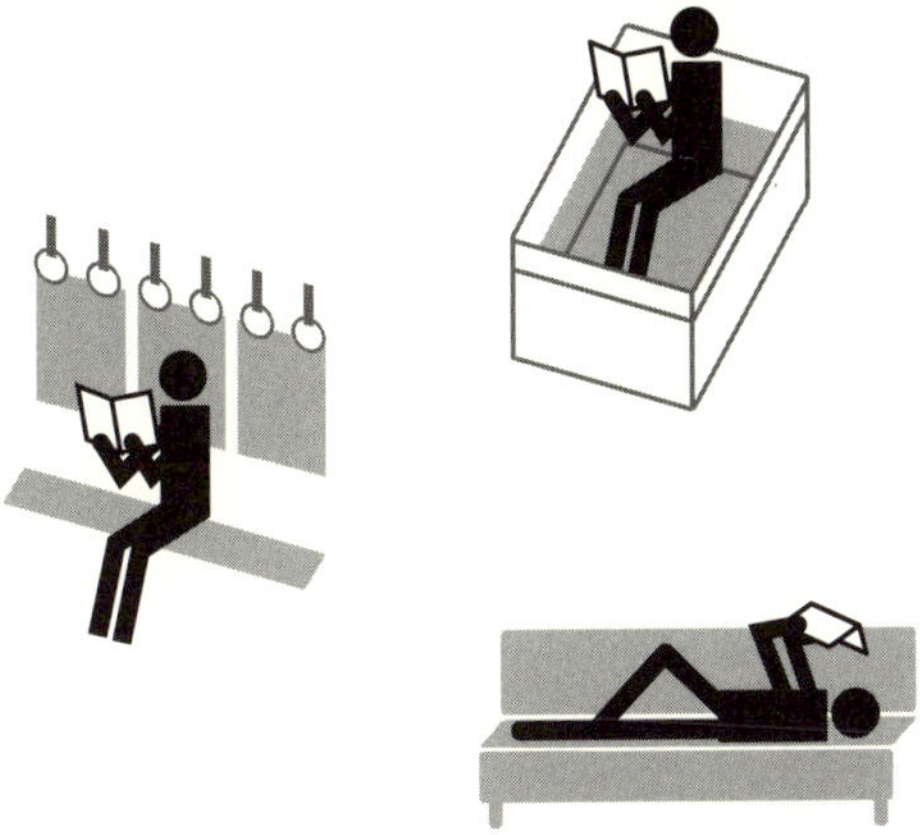

本に囲まれる環境をつくる

いつでもどこでも読めるように、僕はあちこちに本を置いています。オンライン書店で注文した本や、著者からの献本は会社に届きますから、僕のデスクまわりには、本がたくさん散乱しています。机の上、机の下、椅子の後ろにも本が山積みされています。

自宅にも本がたくさんありますが、こちらはほとんど既に読んだもので、繰り返し読みたい本を中心に保管しています。未読本の中心は、会社や自宅とは別に借りている書斎部屋に置いていて、床に平積み状態です。

そうやって、つねに本が視界に入る状態

にしておくと、ふと興味が湧いたときに、自然に手に取って、ぱらぱらとめくるようになります。そのように本に囲まれる環境に身を置くことが、読書を習慣づける第一歩ではないでしょうか。

2 カバンの中に本を複数忍ばせておく

僕はカバンの中に、いつも複数の本を忍ばせていて、だいたい2〜4冊を常にカバンに入れています。なぜかというと、気分によって取り替えるためです。

集中して読めるときもあれば、集中できないときもある。論理が深く重厚な本を読みたいときもあれば、面倒くさくてもっと軽い内容にしたいときもある。飲んで帰る電車の中では、小さな字を追っても頭に入らない。吸収できないのにムリして本を読んでも、無駄な努力になってしまいます。

だから、ビジネス書、専門書、雑誌、マンガなど、まったく異なる分野の本を組み合わせて持ち歩く。あるいはビジネス書だけのときでも、論理的な文章の本と軽快に読める文章の本を組み合わせて持ち歩きます。

一冊しか持っていなければ、もし飽きて読む気がしなくなったら、あとはぼーっとするしかありません。しかし**いろいろ持っておくと、他の本で集中力を取り戻すことができるので、生活の中の無駄な時間を限りなく減らすことができます。**

出張に行くときには5~6冊持って行きます。もちろん、実際には一冊しか読まないこともありますが、それはそれでよしとします。

死んだらいくらでも寝られるよ、というのは極端かもしれませんが、起きている時間を無駄にしないように、という工夫です。とはいえ、カバンが重くなって、歩き回るときにはしんどいのですが……（というわけで、僕はコインロッカーのヘビーユーザーなのです）。

3 未読本を増やす〜中身は読まなくてもいい？〜

「まだ読んでいない本があるから、新しい本を買うのはやめておこう」というポリシーの人もいるかもしれません。しかし僕は、気になったら、未読本が自宅に何十冊あろうと、迷わず買うようにしています。

書店の棚から消えるのが速いから、という理由も大きいですが、ためらわなくなったのは、「積ん読」の効能に着目しているからです。

つまり、多くの人が指摘するように、積ん読は自分の興味関心の再確認になり、新しいテーマのインスピレーションを与えてくれるのです。

買ってきた本はすぐに床にばらばらと積み重ね、つねにタイトルが目に入るようにしておきます。僕は書店に行けば、一度に5冊10冊は買うので、最初は買った日別に島にしておきます。

そしてタイトルを目にする度に、「この本はこういう内容だろうなあ」と日々ぼんやりと仮説を持つようになります。そうすると、推測した内容が蓄積され、実際に読んでみたときに当たっていることがあります。その場合は15分くらいで読み終えたりできるのです。

また、何日か経ったら島をばらばらにして、「すぐ読みたい本」「後でもいい本」みたいに島をつくりかえます。また数日経って、「本の資料用」「会社の仕事用」といった用途別に島を作りかえたりします。それが記憶に残ると、別のタイトルの本と結びついて、「自分ならこんな本が書けるな」と新しいひらめきが出てきます。おかげで、書きたい本のテーマだけが増えていき、今でも20テーマくらい抱えています。もちろんこれは本を書くという文筆業独特の効果ではありますが。

ビジネスマンであれば、本のタイトルがつねに目に入ることで、「そういえばこんなテーマに関心を持ってたんだっけ」「そういえばこのテーマを研究しとかなきゃ」と、自分の問題意識を再確認することができ、重要な勉強分野を忘れずに済む、という効果があるでしょう。

未読本が増えれば増えるほど、部屋の中に散らかせば散らかすほど、つねに新しい刺激にさらされます。つまり中身を読まなくても、アイデア発想やモチベーション維持といった効果があるということです。

4　買ったらすぐ読む

本屋に行くと、なぜかトイレに行きたくなることはありませんか?

もちろん、「大」のほうです。僕はよくあるんです。だから、都内の大型書店は、店内のレイアウトよりもトイレの場所のほうをよく覚えているくらいです。

便秘に効くツボは頭蓋骨のてっぺんにあるそうなので、脳の刺激と便意とはつながっているのでしょう。つまり、僕たちは書店にいるとき、脳が活性化状態にある、ということです。

また、書店で立ち読みしているとき、次々と興味・関心の幅が広くなり、家に帰った後で、「なんでこんな本を買ってしまったんだろう?」と首をかしげてしまうことはありませんか?

これも僕はよくあります。

おそらく、本屋で立ち読みしているときというのは、知的好奇心が猛烈な勢いで広がっているのだと思います。つまり、**本は買ったときがもっとも興味関心が高いとき。だから買ったらすぐ読む**。そうすると、驚くほど集中でき、スピードも速く読めます。

そこで、よく行く書店の近くに、行きつけのカフェを知っていると便利です。カフェならノートやパソコンを開いて、読みながら書き留めることもできますから、とても重宝します。

僕の場合は、次ページのような書店とカフェの組み合わせをしています。

本を買ったらなじみのカフェですぐに読もう

神保町の三省堂書店	→スターバックスコーヒーかジョナサン
八重洲ブックセンター本店	→すぐ裏手にあるスターバックスコーヒー
紀伊國屋書店新宿本店、新宿南店、ジュンク堂新宿店、ブックファースト新宿店	→近くのカフェはいつも混んでいますから、小田急サザンタワー内にあるホテルセンチュリーのラウンジ。あるいはそのまますぐ電車に乗って、小一時間ほど読書にふけります（新宿駅始発の電車が多いので、必ず座れるのです）
有隣堂ヨドバシアキバ店	→秋葉原駅のタリーズコーヒーかスターバックスコーヒー
丸善丸の内オアゾ店	→大手町駅の上にあるスターバックスコーヒー
旭屋書店ベルビー赤坂店	→裏手にあるエクセルシオールカフェ
リブロ青山店	→外苑前のベローチェ
青山ブックセンター青山店	→国道246号を渡った目の前のドトールコーヒー

本を買う
↓
その足で近くのカフェに入る
↓
読む
↓
メモる
↓
その日から実践！

マルチしおりであちこちからつまみ読みする

ページ数の多い本の場合は、途中で飽きることがあります。また、今の自分には関係ない箇所や、興味が持てず読みにくい箇所も出てきます。イントロ部分はどうしても概念的な解説になりますから、つまらなく感じることも多い。

それをガマンして読み通すのはつらい。

そんなときは、その箇所は途中で読むのをやめ、最後から読みます。あるいは、ぱらぱらとページをめくって小見出しを追い、興味を持てるページからつまみ読みを始めます。

しかしそうすると、どこまでを読み終え、どこをまだ読んでいないかわからなくなります。

そこで最初から**5枚くらい「しおり」を挟んでおき、つまみ読みした箇所がわかるようにしておきます。そうやって、気分に合わせて読む箇所を変えるのです。**

書店で買うときには店員さんに、「しおり、もうちょっといただけますか?」と言って余分にもらっていますが、忘れるときもあるので、差し込みハガキや喫茶店のナプキンで代用することもあります。

この読み方、分厚い本を読むときなどでは、結構使えますよ。

5　本をバラバラに分解する

資格試験の勉強や分厚い専門書を読む場合などに、テキストをバラして単元ごとに持ち歩いて読みこなす、という方法があります。

「もったいない」と感じる人もいるかもしれませんが、必要になればまた買い直せばいいだけです。**使いこなしてこそ血肉になるのですから、徹底的に汚してバラして活用しまくり、チューチュー吸い尽くしてしまいましょう。**

僕は本をバラバラにするのは結構好きで、かつて大学受験の時に、英単語帳をバラバラにして覚えようとしたのが始まりです。なぜ好きかというと、まず、薄く軽くなるので「今日はこれだけを勉強すればいい」と迷わなくなって集中できるから。そして、「まだこんなにたくさんあるのか」というプレッシャーから解放されるからです。

この方法は米国公認会計士の受験勉強でも役立ちました。分厚い電話帳4冊分の問

分厚い参考書もバラせば持ち運びやすくなる

題集をこなさなければならないのですが、テキストバラバラ法と、間違いノートのおかげで、働きながらでも1年半で米国公認会計士の試験に合格することができました（詳細は拙書**『突き抜ける！時間思考術インデックス・コミュニケーションズ』**）。

バラバラにする方法は簡単です。

バラしたいページを、背面の接着剤が見えるまでぐいぐいっと開き、その接着面にカッターナイフの刃を軽く当てていくだけです。通常の単行本は、背面は比較的柔らかい接着剤になっているので、何度か刃を当てると、ぱらりと裂けます。

あるいは、背表紙にアイロンを当てれば

接着剤が溶け、カンタンに分解できます（なお、ハードカバーの本は接着面が布になっているので、いずれの方法もうまくいきません）。

6　同時に20冊を並行して読む

僕はつねに、読みかけの本が20冊くらいありますので、20冊を同時並行で読んでいるということになります。もちろん、毎日20冊すべてに目を通すわけではありません。今日はこの本、明日はこの本、途中までこの本を読んで、別の本を読み始め、また戻ってくるという読み方です。

なかには、1カ月くらいほったらかしの本もありますが、気にしない。まったく異なる分野の本を同時平行で読みます。途中で興味がなくなれば他の本に移りますし、新しく興味を持った本、すぐ読みたい本が出てくれれば、いったんそちらに移ります。そのほか、プレゼントされたり、紹介してもらったりした本は、すぐに読むようにしています。

こういう読み方をするようになったのは、仕事柄、という僕固有の側面があります。僕はつねに複数の本を執筆していますし、コラム記事を書いている。自社セミナーの講師をやるし、他社セミナーの講師もやります。雑誌や新聞などメディアからの取材もよく受けます。会社も複数経営しているし、不動産投資コンサルティングやビジネスボイストレーニングスクールなど、それぞれに複数の事業部門を持っています。プライベートでは、不動産を始め、様々な金融商品や会社に投資しています。

つまり、**「書く」「話す」といったアウトプットの方法を複数持ち、「会社経営」「スクール運営」「投資」などの対象カテゴリーも複数持っている、という多面体生活が大きく影響している**のだと思います。

同時読みをすると何が起こるかというと、**異分野からのクロススパーク発想につながる**のです。本書の執筆と同時に今、情報編集術の本を書いているのですが、そちらの参考資料にと読んだ本が、本書の中に生きています。不動産投資コンサルティング会社の経営に活かそうと読んだ本の内容が、ボイストレーニングスクールの運営に活きています。

同時に何冊かの本を平行して読むことは、相互に影響を与え合い、**得た情報が脳内で熟成するのを促進させる、複利成長をもたらしてくれる読み方**のように感じています。

7 適齢期が来るまで寝かせる

社会経験のない大学生が経営実務の本を読んでも、あまりピンと来ないかもしれません。僕も大学生時代に日経新聞を購読したことがありますが、1カ月でやめました。なんのことだかさっぱりわからなかったからです。

しかし、社会に出て、いろんなビジネスの経験を積むことによって、本に書いてあることの意味や、一行に込められた言葉の深い意味を理解できるようになりました。

「ピンとこない」「著者の言っていることが理解できない」という場合、著者や編集の問題もあるかもしれませんが、**本のせいにしても仕方がない**ですから、今の自分がまだ未熟なのではないかと謙虚に考えてみましょう。

「ドラッカーは難しくてわからない」と感じたら、それはまだ自分が受け入れる器ができていないのかもしれないとして、本棚に寝かしておきます。そして数年の実務経験を経てから読んでみてください。その実務経験の濃さにもよりますが、きっと腑に落ちるようになります。

もちろん、選んだ本がたまたま難解で読みにくかった、という場合もありますし、飽きたりつまらないと感じたりすることもあるでしょう。そんなときも、途中で読むのをすっぱりとやめてしまうのです。

でも、これは未来永劫読まないというのではなく、「今は読まない」だけです。**自分の成長度合いによって、最適な本は変化します**。かつて感激した本も、今読むと物足りないと感じることもあれば、今つまらないと思った本も、何年か後で読むとおもしろいと感じることもありますからね。

寝かせるときも、つねに本のタイトルが目に入るような形で保管しておく。タイトルが目に入れば、自分が成長して受け入れ態勢ができたときに、その本に手を伸ばしたくなる日が来るものです。

ただ、この欠点は、自宅が本だらけになり保管場所に困るという点ですね……。

8 自宅を「書店化」する

自宅が本だらけになる、というデメリットを活かして、自宅を書店化する工夫をしてみましょう。

僕の場合、本の保管は、自宅とオフィスと、自分専用に借りている書斎マンションの3カ所あります。ここには、既に読んだ本、読みかけの本（同時並行読みしているもの）、買っただけでまだ読んでいない本の棚、と3種類に分けています。

そして、すでに読んだ本の中から、エッセンスを吸い尽くした本はブックオフに売るか捨てるかし、参考資料として参照したい本や繰り返し読みたい本は本棚に棚差しします。その際、書店で付けてもらったブックカバーは外し、タイトルが見えるようにしておきます。

同時並行読みしている本と、未読本も別々の島に分けて、床に平積みしています。もちろん、タイトルがこちらに見えるように、背表紙を自分側に向けて重ねています。

このようにして、**自分が読んだ本は棚差し、読みかけの本と未読の本は平積みになっているので、まさに書店化状態**です。

こうすると、先ほどの「未読本を増やす」の項目で述べた効果が、より強く得られます。（平積みは単に床に転がしているだけですが……。いつも片づけなさいと怒られる・苦笑）

そして、書店としての自宅の本棚を眺めると、偏っていることに気がつきます。技術書に偏ってるな、ビジネス書に偏ってるな、自己啓発書に偏ってるな、とか……。

もちろん、それは良いとか悪いとかではありません。大事なのは「リターンを得て

自宅の本棚を見れば、その人の思考遍歴がわかる

いるかどうか」です。たとえば、**自己啓発書がたくさんあっても、成功していないのなら、リターンは今のところゼロ**なわけです。

「この本棚以上のメリットを享受できたか?」「この本棚に費やした時間とお金以上のリターンを得たか?」を改めて考えるきっかけにもなります。

9　本の内容は忘れてもいい

「読んだ本の内容を覚えていないので、読書が身についていないのではないか」と不安に感じる人もいるのではないでしょうか。

しかし僕は、専門知識の習得や資格取得などの勉強読書以外は、読んだ内容は忘れてしまってもいいと思っています。これは僕自身の経験でもありますが、どの本に何が書いてあったかなんて、正直、全然思い出せません。

たとえば僕のノート術の基礎となったのは、**『3色ボールペンで読む日本語』（齋藤孝著、角川ONEテーマ新書）**と**『図解　仕事ができる人のノート術』（樋口健夫著、東洋経済新報社）**の2冊です。両方とも、2回ほど読んだだけで、何が書いていたのかは覚えていません。マインドマップの本にいたっては立ち読みしただけです。

しかしこれらの本の内容は、僕の頭の中で熟成され、試行錯誤の材料となり、僕のワークスタイルの一部になりました。このノートから生まれた新規事業である、ビジネスマン向けのボイストレーニングスクール「ビジヴォ」は今、急成長しています。

そしてついには一冊の単行本となって出版されました。**『脳を「見える化」する思考ノート』（ビジネス社）**です。その後、本書がベースとなり、**『ノート思考術―15人が公開！　すぐに結果が出せる理想のノートの作り方』（ローカス）**が出版され、このときの取材が縁で、数多くの著名な著者さんたちとの交流が始まりました。内容をほとんど覚えていないこの2冊は、僕に何度も多大なる収益をもたらしてくれました。

あるいは、僕のメディア・リテラシーの教科書は前述の通り森達也さんの著作ですが、途中で立ち止まりながら何度も考え、また本文に戻り、再び自分の思考に耽る、という作業を通じて、僕のメディア観の基盤となりました。こちらも一度読んだだけですので、内容そのものは思い出せません。

しかし、講演会や取材などで話すネタを考えるときは、彼の本から得た発想法がベースになっています。たとえば、「不動産暗転」とか「地価崩壊」などと世間が騒いでいるとき、「不動産不況は業界からの見方。僕たちから見れば、安く買えるチャンス」という表現も、ここから思いつき、いち早く情報発信しました。

またこれがベースとなって読書方法にも波及しました。つまり、後述する「比較読書」という読み方を意識するようになり、本書のコンテンツの一部にもなったのです。

本に書いてある内容は忘れてもいい。では、**何が違いをもたらしているかというと、読みながら考え、自分の仕事に当てはめ、すぐに実行に移した**、ということです。

10 時間があったら本は読まない

書き間違いではありません。僕は、ある程度のまとまりのある時間がとれるとき、あるいは集中力のあるときには、本は読みません。せっかくの大切な時間を、読書なんかで無駄にしたくないからです。

では何をしているかというと、「考える」か「アウトプットする」かのどちらかです。

なぜかというと、**どんなに素晴らしい知識を得たり、アイデアがひらめいたりしても、それを行動に移さなければ、1円にもならない**からです。やはり最優先は「考えて、アウトプットする（実践する）」だからです。

「考える」というのは、僕の場合は、たとえば、「どうすればお客様はもっと喜んでくれるのか？」とか、「ウチの会社のサービスには自信がある。ではどうすれば、もっと多くの人に知ってもらえるのか？」を解決する方法をひねり出すことです。

そのためにフリーダイヤルを導入し、ウェブサイトの改善（コンテンツ・SEO対策）を考える。集客やセミナーの企画を考える、他社とコラボレーションのスキームを考える、などです。

アウトプットというのは、実際に企画書を作る、原稿やコラムを書く、コピーを書く、取引先を開拓すべく電話をかける、などです。

職業にもよりますが、自分のやるべきことが明確なら、本来は本を読んでいる時間はそんなにないはずです（リサーチは別として）。

『世界一の庭師の仕事術』（WAVE出版）の著者である石原和幸さんは、20代は朝6時から夜中の1時まで花を売り、30代で30店舗に拡大させ、40代になってからも借金返済と「チェルシー・フラワーショー」というガーデニングの世界大会でゴールドメダルをとるために、1カ月に40件の庭をつくったそうです。

もちろん彼も、庭をつくる参考文献として、本をたくさん読んだ、という記述もありましたが、圧倒的に実践時間の割合が高いであろうことは、想像に難くありません。

僕も含めて、いったん自分を戒めたほうがよいのではと思っています。そう、**「読書をするのはヒマ人のあかしでもある」**と。

「仕組み」化するための本の選び方

本選びにはいくつかのコツがあります。僕が紹介するのは次の7つの原則です。

1　自己啓発本から早く卒業する

2　簡単に読める本はこわい
3　売れていない本は宝箱
4　参考文献をほんとうに参照してみる
5　増刷回数の多い本を選ぶ
6　最新刊は効率が良い場合が多い
7　答えが書いてある本はときに悪書となる

1　自己啓発本から早く卒業する

僕自身、実際に起業するまでは、自己啓発本や起業本を読んでは元気になり、触発されていました。モチベーションの燃料みたいなイメージですね。

しかし、実際に起業して会社を経営するようになり、自分の好きなことを仕事にしている今、「夢をかなえる」といったたぐいの本は、本を書く際の下調べなどで目を通す以外は、まったくといっていいほど読まなくなりました。

今考えると、自分が何をやっていいのかわからないうちは、あるいはやりたいことができていないうちは、日々の仕事にモチベーションが保てないために、自己啓発本に頼ってしまうのかもしれません。

最近、経営者の知人と飲んでいて、**「本を読まないとやる気になれない程度の夢は、とうてい かなえることはできない」**と言われ、自分が自己啓発書に興味がなくなった意味がなんとなくわかってきました。

最初のころは自己啓発書に背中を押してもらうことも必要でしょう。そのことで、行動するパワーがもらえるのなら、どんどん利用すべきです。でも何事も実践してからがスタートです。ですから、**お金に換える読書も、自己啓発本を卒業してからが本当のスタート**なのです。

2　簡単に読める本はこわい

さらっと読めてしまう読みやすい本は、実は読者の力量が試される本ではないかと感じています。読みやすい本の多くは、著者の語彙が豊富で表現もうまいなど、著者の能力が高いために、難しい内容でもとてもやさしく読めてしまいます。

逆に、本来読者がくみ取らなければならない箇所も流し読みしてしまい、なんとなく理解した気になってしまいがちです。ややもすると、重要なメッセージに気づかずに読み終えてしまう場合があります。

たとえば、**『涙の数だけ大きくなれる』（木下晴弘著、フォレスト出版）**は、電車の中で読んではいけないと言われるくらい泣けるストーリーがたくさん収録されています（僕も涙ぐんでしまいました）。そのため、ストーリーに感情移入するあまり、重要なメッセージを読み流してしまうところでした。

読み返して気づいたのが、**「努力とは、当たり前のことを当たり前とは思えないほどの情熱を傾けてすること」**というフレーズ。これ、何度も反芻してみると、ものすごく深いことに気がつきます。

「読みやすくて、すぐ終わった」と感じたら、本当に内容が薄い場合はともかく、もう一度読み直してみる価値があると思います。

3 売れていない本は宝箱

僕は本を買うとき、売れ筋ランキングはほとんど参考にしません。むしろ、売れている本よりも売れていない本に注目して買うようにしています。そして、その中から誰も知らないお気に入りの本が見つかると、とてもうれしくなります。

なぜかというと、ほとんどの人がアクセスしていない情報を入手し、多くのビジネス書の著者がまだ気づいていない視点、まだ言っていない切り口を、自分なりに加工してアウトプットできるチャンスの発見だからです。

アメリカと日本の情報格差を利用して、情報起業の黎明期に大もうけした人がいるように、自分がオリジナルを生み出さなくても、売れていない本の情報の中から、その情報格差を利用してお金に換えることができます。

『クリエイティブ・クラスの世紀』（リチャード・フロリダ著、ダイヤモンド社）という本があります。これはビジネスパーソンだけでなく、政治家や官僚にも読んでいただきたいくらい、国家戦略や都市経済を考える上で非常に示唆に富んだ本なのですが、僕の本業の中でしばしば使わせていただいています。

不動産投資、あるいは持ち家を買う場合でも、物件選定においては、物件そのものよりも、その街の成り立ちと行く末を考えなければ、資産価値は大きく変動するという、僕の論拠を支える材料として役だっています。この考え方を使い、セミナーでもカウンセリングでも、あらゆる人に納得してもらえる理論構成ができました。

ベストセラーを読むな、ということではなく、**読み込むのに何日もかかるような知的体力を要する本や、たまたまタイトルがダサくて埋もれてしまっている本の中には、**

金鉱脈が眠っている場合がある、ということです。

出版業界では、**「よい本ほど売れない」**と言われるそうですが、その意味するところをかみしめて、本選びをしたいものです。

4 参考文献をほんとうに参照してみる

何かの本で「参考文献が充実している本はよい本だ」というのを読んで、最近、その理由がわかりました。リンクを貼ったかのように、次々と自分の興味を深掘りできるからです。

もちろん、参考文献がないからダメな本だというわけではなく、著者が言い足りないこと、あるいはその本の趣旨から長々と触れられないこと、そしてその著者が影響を受けた本を読むことで、さらに原点にさかのぼることができるという意味です。

つまり、その著者の思考の原典、源流へとさかのぼることで、「ああ、この著者のこの主張は、こういうことを言いたかったんだ」ということを深く理解できるようになるのです。

専門書や学術書は、この参考文献が豊富に掲載されていて、その本の著者が独りよがりな自説をぶっているのではなく、きちんと根拠があるのだということを提示しています。

5　増刷回数の多い本を選ぶ

本の最後のほうに、出版社情報が掲載されているページがあります。「奥付」と言うのですが、そこに、初版年月日と、「第二刷」などと、増刷した年月日と回数が載っています。

同じような本が並んでいる場合や、初めての分野の本を選ぶとき、増刷情報を見て買うかどうかを判断することもあります。

初版はかなり前なのに、増刷回数が多い本は、長く読み継がれているということだから、多くの人に支持された、よくできた本だろうという想定ができます。中には30

刷とか50刷とか、とてつもなく増刷を繰り返している本もあり、実際に読んでみると、やはり素晴らしい。

オンライン書店でも増刷回数で並べ替える機能があればいいなあと思います。

6 最新刊は効率が良い場合が多い

本の書き方は著者によって異なりますが、僕の場合、書こうとしている本と同じテーマの既刊書にはざっと目を通します。やはり他の誰でもない僕が何かを発信する以上、差別化を図りたいと考えているからです。なるべく同じことを言わない。同じことを言うにしても、切り口や表現を変える。自分の体験談を盛り込む。

最新刊は、そうした過去の本を研究して出しているものも多いですし、経営や経済の理論書も、最新の研究理論を盛り込んで書かれます。

もちろん、カーネギーシリーズ、孫子の兵法や論語などの古典は、長く読み継がれているだけあって、素晴らしい本が多いですが、いわゆるビジネス書から学ぼうと思ったら、まずはその分野の最新刊から入るのも、効率がよい場合があります。

「新しいことが書いてある本は良い本だ」は本当か？

本を読んで新しい情報や新しい考え方が出てきたら、誰でもうれしいし、おもしろく感じるものです。僕も例外ではありません。

新しい概念によって、自分の発想の枠組みが広がり、パラダイムシフトを起こすことができますから、よい本であることは間違いありません。それでも僕自身、気をつけていることがあります。

それは、**基本をおろそかにしたまま新しい情報にとびついてしまうのを避けよう**、ということです。人は誰でも新商品に魅力を感じるように、新しいものに反応するようにできています。でもそれは結局、その他大勢の人たちと同じ反応を意味し、出版マーケティングの典型的なカモになってしまいます。

たとえば、「笑顔であいさつしよう」と書いてあっても、「そんなの知ってるよ」と感じるでしょう。では本当にそれができているか？　初対面の人にはできても、部下や同僚にはできていないかもしれない。

「知っている」と「ちゃんとできている」の間には大きな隔たりがあります。笑顔で人に接することができない人が、人脈術やキャリアアップの本を読んで、役に立つでしょうか。

本に出てくることは、たとえそれが言い古されたことであっても、今一度自分を振り返り、ほんとうにできているかを反芻してみるようにしたいものです。

7 答えが書いてある本はときに悪書となる

明快な答えを提示してくれている本は、ときに悪書となります。

特にお金に関する本にありがちなのですが、言い切ると主張が明快になるので、本としては売れます。「これに投資しろ」と言われると、読者は考えなくてよいので安心します。そういう人がカモになるのです。

実際には、年齢も収入も資金余力も運用技術も、人それぞれ異なるし、マーケットの状況も違うし、そもそも運用の目的も人によって異なる。だから、万人に対してそのアドバイスが適するとは限らないはずです。

投資本を鵜呑みにすると、不幸なことが起こる場合があります。儲かるのは著者と著者の所属する会社だけで、自分の資産は増えるどころか減ってしまうということです。

知的に鍛えられた人というのは、簡単に自分を他人に預けたりはしません。しかし知的に弱い人は、著者の差し出した結論に安易に飛びつきます。

言い切られること、断定されることは、思考停止させるだけの力があるということに、僕たちはもっと敏感になる必要があります。

書店で偶然の出会いを楽しむ

本との出会い方はさまざまです。

今やネットで出会って結婚する人が増えているように、ネットは便利な道具ですが、僕の主な購入場所は、やはりリアル書店です。

とにかく出会いのチャンスが半端ではありません。ネットはタイトルや装丁、目次程度の情報しかありませんが、**リアルでは本から伝わる「オーラ」や「迫力」がある。普段は意識していなかった分野でも、思いがけない出会いがあるからです。**

街を歩いていて異性と目が合い、視線をそらせないほど引き込まれた経験はありませんか。そんな出会いが書店にはあるのです。

特に、まったく異なる分野の棚の間を、平積みや面陳列の本だけを眺めながら歩いていると、新しく出す本の企画が浮かび上がってきます。歴史や古典をビジネスに活かす、心理学や哲学をビジネスに活かす、物理や数学をビジネスに活かす、恋愛をビジネスに活かす、など、いろんなジャンルの本のタイトルが脳内でミックスされ、新しい企画やネタを思いつくのです。

つまり、**書店とは、本を買う場所でもありながら、発想の遊園地というわけです。**

大型店舗をベース書店として知の散策を楽しむ

書店は百科事典のようなものです。あの限られた面積の店舗の中に、世界の知恵、世界の情報が詰まっているのですから。そして断然、大型書店を、頻繁に行く「ベース書店」にしたいものです。

なぜかというと、ビジネス書で一般的な初版5000部くらいの本は、最初は大都市の大型書店にしか行き渡らないからです。売れれば中小の書店にも配本されますが、良い本が売れるとは限らないですから、中身が素晴らしくても初版止まりの本がほとんどです。

ということは、**中小の書店ばかりに行っていると、新刊のほとんどに出会うことな**

く、**売れている本しか目にすることがなくなってしまう**のです。

恋人を見つけるには、異性がたくさんいる場所に行くほうが確率が高くなるように、本もたくさんある場所のほうが、よい本に出会える確率が高いと考えられます。

僕の場合は東京ですから、丸善丸の内本店・日本橋店、八重洲ブックセンター、三省堂書店神田本店、紀伊國屋書店新宿本店・新宿南店、ジュンク堂書店池袋本店・新宿店、有隣堂恵比寿店・ヨドバシAｋｉｂａ店などによく行くようにしています。

家や職場の近くにはないよ、という人は、月に1回くらいのペースでもいいので、大型書店に出かけてみてはいかがでしょうか。

書店のセンスを楽しむ

いつも同じ書店ばかりだと出会いが偏りますから、たまに新しい書店に飛び込んでみることをお勧めします。

なぜなら、取次が決める配本パターンは書店ごとに違いますし、その店の店長や売り場担当者の個性や好みが出るからです。つまり、思わぬ出会いがあるということです。

書店員の手書きPOPも興味深く、僕はこれにつられて買うこともよくあります。POPは店側からすると宣伝マンですが、客からすると、お見合いの仲人さんみたいですね。

僕の会社は表参道ということもあり、作家、デザイナー、建築家、写真家、プランナーといった、企画・芸術系の人が大勢集まっているエリアです。だから青山ブックセンター青山店や、リブロ青山店に行くと、企画やデザイン関係の本がたくさんあって、わくわくします。

あるいは、秋葉原にある書泉ブックタワーや神保町にある書泉グランデは、アニメやコミック、鉄道や格闘技といった趣味の分野の本が、他店とは比較にならないほど品揃えされていて、楽しくなります。

僕も外出したときなどには、その地元の書店に入ってみるようにしています。

コラム

書評との付き合い方

昨今、多くの人が書評ブログを書いていますので、これらを活用しない手はないでしょう。書評ブログを見る価値は、自分が知らなかった本や、買わなかった本の価値がたくさん紹介されている点にあります。

書評ブログには、書店で見かけたことはあるけど買わなかった本の、素晴らしい魅力が紹介されています。それらを読むと、いかに自分がタイトルなどの表層的な情報だけで、勝手な憶測をして買わなかっただけか、とわかることがよくあります。

ちなみに僕の『33歳で資産3億円をつくった私の方法』(三笠書房)も、タイトルだけ見れば、引いてしまう人も多いのではないでしょうか。実際そういう人もいたようで、「アオリ系のバクチ本かと思って買っていませんでしたが、友人におもしろいからと言われて読んでみたら、すごく衝撃を受けました」とよく言われます（苦笑）。

もちろん、ブログオーナーの個人的なフィルターを通して書かれているという側面はありますが、**今まで自分が読んだことのない本との出会いを与えてくれる、貴重な情報源**であることは間違いありません。

書評ブログは出会いの宝庫

人はやはり、自分の価値観や行動を否定している本には反発し、自分の価値観を支えてくれる、あるいは自分の考えを代弁してくれている本を絶賛する、という傾向があります。そして、その傾向が書評に反映されています。

しかし書評とは本来、とても難しい行為なのです。

刺激的なタイトルにだまされるな

作家の**日垣隆さん**も、『**情報の「目利き」になる！**』（ちくま書房）の中で、「**小泉総理や田中知事や原監督にケチをつけるのは簡単です。しかし、評価は難しい。歴史的な教養と、多彩な比較の視点が最低限必要だからであり、本来あるべき姿**

を自分のなかでもっていなければ評価などできず、なおかつ、その短所すら時代状況においては長所となりうるという視点も不可欠だからです」と述べています。

要するに、時代が変われば本の価値も変わるため、うっかり他人の本を批評すると、自分の知性のレベルを露呈してしまうという恐ろしい結果になりかねないということです。

ちなみに、音楽コンクールなどの採点は、最高点と最低点は切り捨てて、残りの点数の平均をとる、というのが一般的だそうです。なぜなら、審査員の個人的な好き嫌いや、同門や同窓生へのひいき、あるいは嫉妬などによる偏った採点を避けるためだそうです。

書評も同様に、強烈に賛同しているものや、強烈に否定しているものは、判断材料にしないという視点も必要です。

……と言いながら、僕は強烈に賛同されている本はやはり読みたくなって買ってしまいますし、強烈に否定されている本も、「そこまで言われるなんて、どんだけ??」と惹かれてしまって買うことがよくあるので、メチャ流されているのですが……。

おススメ書評メルマガ＆ブログ

- シゴタノ！
- 404 Blog Not Found
- 俺と100冊の成功本
- ビジネス選書＆サマリー
- エンジニアがビジネス書を斬る！
- ビジネスブックマラソン
- 読むが価値
- さむらいコピーライティング道

この章のまとめ

□ 習慣化するためにはは、まず読書の楽しさを体験する（とっかかりはマンガでもいい）

□ 自分に合ったやり方で読書を仕組み化する

□ 大事なことは実践することなので、時間があっても本を読まなくてもいいし、内容を忘れてもかまわない

□ 本の選び方に自分なりのポリシーを持つ

□ お気に入りの書店を見つける（つくる）

□ 出会いと提供してくれる書評ブログ（メルマガ）を見つける

3章

頭のいい人が実践している
お金に換える読書の技術

ステップ1　著者のバックボーンを知る

僕はかならず「著者プロフィール」「まえがき」「あとがき」を読んでから本文に入ります。これは本の内容をより理解することに役立つからです。

「著者プロフィール」

著者の経歴や現在の仕事を知ることによって、どういうスタンスや立場で書いているかを理解できます。たとえば著者がどこかの証券会社に勤務しているのであれば、投資信託を勧めるかもしれないから、そこはちょっと割り引いて考える必要があるのではないか。著者が大学教授であれば、アカデミックな視点から書かれている可能性があり、実務に活かすにはもうワンクッション突っ込んで考える必要があるのではないか。というふうに。

そのほか、ジャーナリストが書いているのか、経営者が書いているのか、サラリーマンが書いているのか、評論家が書いているのか、そのバックグラウンドは、本を読みこなす上では重要な情報です。

僕も本業は不動産投資コンサルティングの会社を経営していますし、自身がサラリーマン時代に不動産で財を成した人間ですので、僕の本では不動産投資をポジティブに書いています。だから読者もそこは割り引いて、大いに疑いながら読んでいただきたいと思います。

「まえがき」

まえがきには、その本を書くに至った動機や背景、一冊を通して著者が伝えたいキーメッセージが書かれていますから、「こういうことが書かれているのではないか」と仮説を立てることができます。これも内容の理解を深め、読書スピードを速めてくれます。

また、著者の価値観（たとえばテーマに対してポジティブなのかネガティブなのか、など）が書かれていることもあるので、著者の思考体系を理解し行間を読むのに役立ちます。

「あとがき」

その本ができるまでの裏話とか、本文には入れられなかった著者の本音とかが書かれていることがありますから、感情移入して読む手助けになります。

あるいは、一貫性に欠ける部分へのエクスキューズといった、著者の葛藤が述べられることもありますので、ここを最初に読んでおくと、「ここは矛盾しているのでは？」と立ち止まることなく読み進められます。

本書も、あとがきを読んでみてください。見事にエクスキューズが書かれています（笑）。

著者はいったい何で成功しているかを想像する

次に、著者が「何で成功し、何で収入を得ているのか」、そして「儲け方のスケール」がどの程度か、という点に注目してみましょう。

たとえば今読んでいる本の著者は、ビジネスで成功したのか、投資で成功したのか、本が売れて成功したのか、サラリーマンとして成功したのかを想像してみる。そしてそれが、自分が重ね合わせたい成功のスタイルなのか、再現性のある方法なのかを考えてみる。

あるいは著者の収入源。著者はいったい何で収入を得ているのか。そして、その稼ぎはいったいどれくらいだろう。数十億円なのか、数億円なのか、数千万円なのか、数百万円なのか。

著者のホームページを見ると、収入源の種類とそのスケール感が見えてきます。会社を経営していれば、従業員数や商品単価などから、なんとなくですが見えてきます。講演・セミナー収入がメインであれば、「セミナー代金×定員×年間開催頻度－場所代」で著者の収入スケールが見えてきます。

印税収入がメインなら、「本の定価の10％×公表発行部数×年間出版点数」で見えてきます。原稿料は日垣隆さんの著書を読めば想定できるし、テレビ出演料は芸能人の著書を読めば想定できます。

本を選ぶときはそんなことは気にしませんが、読むときはこれらの点を考慮して読みます。なぜなら、**稼ぎ力の決め手は「考え方」ですから、自分の稼ぎ力を高めるためには、自分よりスケールの大きな人の発想を吸収する必要がある**からです。

それ以外の本は、日常の効率性や快適性を高める方法論を吸収したり、自分の著作や講演のアイデアをもらったりすることを意識します。

気に入った著者の本をすべて読んでみる

読んだ本がおもしろかったら、あるいは、著者の経歴や考え方に興味をもったら、同じ著者の過去の著作を読んでみましょう。

そうすると、今までの本には触れられていなかった著者の意外な側面や、今の著者を形成した過去の出来事、稼ぎ力の根源、努力の形跡などが見えてきます。

商業出版はどうしても「売れなければならない」という宿命を背負っているので、どうしても著者のすぐれた側面にフォーカスを当てて書かれます。また、「テーマの

僕がすべての著作を追いかけている著者の一部

森達也	メディア・リテラシーを磨くため
日垣隆	視点の多様性を身につけるため
養老孟司	ものごとの本質を改めて考えるため
遙洋子	女性視点を理解するため
大前研一	ビジネスマンとして尊敬しています
胡桃沢耕二（死去されました）	世界観が素晴らしい
大藪晴彦	ハードボイルド小説は冷静さを保つのに役立ちます
神田昌典	マーケティングを学ぶため
勝間和代	編集・出版企画のヒントを学ぶため
稲盛和夫	経営の要諦を理解するため
トム・ピーターズ	ブランディングのヒントを得るため
ロバート・キヨサキ	マネー本ではピカイチです
ドナルド・トランプ	スケールの大きさに触発されます
ピーター・ドラッカー	マネジメントを学ぶため

一貫性」が必要ですから、著者が重要だと考えていることでも、その本には入れられないものも出てきます。でも、現在に至った経緯はもっと複雑で波瀾万丈で、たった一冊で語り尽くせるほど薄っぺらいものではないはずです。

たとえば、**「金持ち父さんシリーズ」**を読むと、最初の頃の著作と直近の著作では、**ロバート・キヨサキ**さんが成長しているのが明らかにわかりますし、彼に反発する人たちとの心の葛藤が垣間見えます。

同じ著者の本を立て続けにたくさん読むと、彼らの思考特性や価値観を理解できるようになります。また、テイストや考え方のバックボーンが共通ですから、スピーディーに読める。自分の価値観に合う人はさらに、頭に入りやすくなります。

ステップ2　受け入れて器を広げる

本を出している人の多くは、その道で大きな成功を成し遂げている人ですから、著者の思考回路にどっぷりつかって、著者になりきって読んでみましょう。

まずは著者の言っていることを素直に受け入れてみる、というのが基本です。著者に感情移入し、著者に乗り移ったかのような気持ちになって読む。

「これはよい」とか「これはよくない」とか、自分の価値観で勝手に判断するのではなく、著者の言わんとしていることを「そうだよね、そうだよね」とそのまま受け入れるのです。言い方を変えれば、好きなように読むのではなく、著者が読んで欲しいように読んであげる、ということです。

この**「受け入れる」というのは、非常に高度で難しい読み方です。なぜなら、著者**

の主張を素直に受け入れるには、読者自身に相応の「受容力」がないとできないからです。

「**受容力**」とは、受け入れる力です。

受容力が小さい人は、自分のプライドを傷つけられたり、自分の価値観を否定されたり、自分の考えとは異なる主張に出会うと、感情的に反発します。

自分の価値観でしかものを見られないので、情緒で「よい本・悪い本」を決めてしまう傾向があります。

著者のモノサシを受け入れよう

受容力のある人は、その不快感を乗り越えていける。その原動力は「謙虚さ」とも言えます。受容力を高めるには、謙虚に受け入れる姿勢が必要です。

受容力を鍛える方法には、次の2つがあります。

1読み上手になる

2感動しながら読む

1 読み上手になる

ビジネス書の多くに、「人の話を聞け」「相手の立場になって考えろ」ということが書かれています。

ビジネスでもプライベートでも、相手の話をよく聞く人はモテます。相手の意見をよく聞くと、相手が何を言いたいのか、真意を理解できる。相手の立場になって考えることで、問題点が見え、解決策が出てくる。聞き上手な人はとにかくトクをします。

同様に、「読み上手」な人もトクをします。要するに、**「著者が何を言いたいのか、耳を傾ける」「著者の立場になってその主張を考えてみる」**ということです。

自分が読みたいように読むと、どうしても自分のモノサシで本の価値を計ろうとします。自分のモノサシだけで読むのは思考の枠組みが広がらないですから、著者のモノサシを自分の中に取り入れるようにするのです。

2 感動しながら読む

「フンフン、なるほどなるほど」とうなずきながら読むと、自分の頭に残る率が高いことに気がつきました。この体験を裏付ける文献がないかなあと思って探していると、ありました！

『ビジネス勝負脳　脳科学が教えるリーダーの法則』（林成之著、ＫＫベストセラーズ）です。本書によると、感動しながら読むことは、ドーパミンＡ10神経群が鍛えられ、考える仕組みが強く機能し、記憶力も高まるのだそうです。逆に、斜に構えたり否定的な見方で人の話を聞いたり読んだりすると、ドーパミンが減少し、脳機能が低下するということです。

セミナーや講演でも、「フンフン」とうなずきながら聞くと、頭に入りやすいですし、会話なら相手もうれしく感じて盛り上がります。要するに読書もコミュニケーション手段の一つということですね。

ステップ3　比較しながら読む「複眼読書」

本に書いてあることは、あくまで著者の主張にすぎません。
データが示されていても、著者の主張を裏付けるデータだけを集めて編集することになりますから、事実であっても、誘導されていることはよくあります。ですから、あるテーマについて、一冊の本や一つの主張だけを読んでわかった気になるのは、振り回されたり視野が狭くなったりして、むしろ危険です。

自分の思考の枠組みを広げるには、拙著『**問題解決力をつける本**』（**三笠書房**）で述べたように、常識と言われていることを疑い、一つ一つ確認してみることが必要です。もちろん現実には著者の主張の信憑性を自分で調べるのは限界があります。

だからこそ、**一つのテーマについて、異なる著者の本、立場の異なる著者が書いた本を読む**ことが効果的です。これによって、偏見や先入観の少ない、多様な視点を養うことができます。

複眼思考の読書術

僕が個人的に、極めて優れた読書法だと考え、実践していることが**「複眼読書」**です。この読み方をするきっかけになったのは、**『考える達人になる方法』（日下公人＋ソフト化経済センター著、太陽企画出版）**です。この本をきっかけに、僕の本の読み方は大きく変わりました。

この本は、職業や勤務先のまったく違う12人の人たちが、たとえば「捕鯨問題」といった新聞記事をもとにしたトピックについて、さまざまな意見をぶつける、という構成です。何が素晴らしいかというと、たった一つの記事から、こんなにも複数の見方ができるものかと教えてくれる点です。

たとえば僕たちが会社からもらっている「給料」でさえ、人によって意味合いは異なるでしょう。「生活費」として考える人もいれば、「自分の値段」「働いた対価」「お客様からの感謝の印」など、いろいろなとらえ方ができます。経営者から見ても、「経費」として考える人、「投資」として考える人など、それぞれです。

一つの事象でも、立場によって、年齢によって、性別によって、国によって、時代によって、万華鏡のように見え方は変わるものです。

本書を読むと、自分の視野の狭さ、発想力の乏しさを思い知らされるとともに、想像力を駆使して立場を変えれば、なんと多様な視点が養われるか、と実感します。僕が何度も繰り返し読んで、発想を広げるトレーニング教材としている本の一つです。

正反対の主張の本を読む

とはいえ、そう簡単に複眼思考の読書ができるわけではありません。自分で意識しなければならないから、実際には難しい。そこで、**強制的に複眼思考を促す方法が、正反対の主張の本を読む**、ということです。

たとえば、「会社は辞めろ」という本と「会社は辞めるな」という本をセットで読む。前者だけ読むと、「そうか、辞めていいのか」と安易に流されてしまう。後者だけ読むと「やっぱ辞めてもトクなこと無いよな」と他の世界を考えない。

だから両方の言い分を読むと、振り子のように思考が振れながらも、自分なりに考えるようになるのです。

ここに一つ、興味深い例があります。

『投信バブルは崩壊する！』（須田慎一郎著、ベストセラーズ）という本は、投資信託はバブル状態でいずれ崩壊するから、投資信託は避けるように、と主張している本です。

本書が出版されたのは2007年7月ですから、サブプライム問題勃発直前に書かれたものです。当時のアマゾンのレビューを見ると、かなり酷評されています。投信の基準価格が順調に上昇していた時期ですから、おそらく投資信託を買っている人の反感を買ったのでしょう。

反対に、ベストセラーとなった**『お金は銀行に預けるな』（勝間和代著、光文社）**では、主に投資信託（アクティブ型ではなく、ＥＴＦなどインデックス型）による資

複眼読書こそお金に換える読書の本質

産運用を勧めています。

この本が出版されたのも2007年11月ですが、サブプライムショック後にもかかわらず、出版当初は絶賛の評価がかなり多く見られました。

しかし1年後、2008年の秋には、前書で指摘された内容は現実のものとなり、後者を信じて投信を買った人は黒焦げになっています。もちろん将来を当てることはできっこないので、どちらの本がいいとか悪いとか言うわけではありません。

本は著者の個性が色濃く出ているので、自ずと主義主張は異なります。だから、同じテーマでも、複数の著者の主張を比較しながら読み取ることによって、自分なりの考えや意見を持つ必要があるのです。

異端な意見は新書から

異端な意見、常識とは反対の主張、とんがった仮説によって複眼思考を養うには、新書や文庫で探してみるとよいでしょう。書店に行くと、びっくりするほどニッチなテーマがあることがわかります。なぜかというと、新書や文庫ならではの出版事情があるからです。

たとえば新書は、レイアウトやフォント、装丁がほぼ決まっているので、デザイン費がほとんどかからず、ローコストで作れます。

判型が小さいため、同じ部数でも物流や保管のコストが安くて済みます。それに、値段が安いから単行本よりもたくさん売れる。

結果として、多くの読者には支持されないようなテーマでも、本にできるのです。だから、**新書の新刊は要チェック**です。文庫の場合、過去の単行本のタイトルを変えて再出版しているケースも多く、たとえば三笠書房の「王様文庫」などは、サブカル的テーマも多く、ネタの幅が広がります。

ほかに僕が個人的に好きなのは、**理論社の「よりみちパンセ！」シリーズ**です。一見、子供向けかな、と思って読んでみると、普段は考える機会のない「性」の問題とか、どれもわかりやすく本質を突いていて、考えさせられる本ばかり。個人的にはかなりおススメのシリーズです。

ステップ4　想像しながら読むモデル・リーディング

本を読むことは、実践への仮説づくりです。それはつまり**「本に書いてある情報をもとに、自分はどう行動するか」を考える**ということです。

考えながら読むというのは、大小さまざまな仮説を立てながら読むことです。「これはこういう意味じゃないか」「この主張の根拠は何か」「ここはこう変えれば自分の仕事に応用できるんじゃないか」「これが成り立つのは、こういう前提条件が必要なのではないか」という仮説を立てる。そして、本の中で検証し、その検証が不十分なら、他の文献（学術書や専門書）をあたり、集中的に撃破していく。その一連の行為が蓄積され自分の血肉になる。

なんとなく性格が悪い人のように映るかもしれませんが、あくまで**頭の中で行う著者とのディスカッション**です。この読み方は、とても頭が疲れます。そして時間もかかる。でも、これが思考力をつける。

僕が今、大量のアウトプットを実現できているのも、この読書法のおかげですから、少なくとも僕にとっては有効な読み方です。

本はあくまで考えるためのフックであり、一冊で終わりではなく、それをきっかけに、さらに深めたり、周辺分野に広げたりできる。だから僕にとっては、たくさんの「?」や「!」が出てくる本に出会うとうれしくなります。

思考の枠組みを広げる一つの方法として、**モデル・リーディング**があります。

これは、たとえば自分自身の重要な決断の局面において、もし自分が松下幸之助さんなら、もし自分が稲盛和夫さんなら、もし自分が孫正義さんなら、というふうに、**尊敬する人の思考で、自分の思考にツッコミを入れてみる**のです。

たとえばソフトバンクの孫正義さんは、豆腐を一丁二丁と数えるように、会社も一兆二兆と数えるそうです。彼はおそらく、最初から事業規模を数千億円クラスに置いて発想しているのだと思います。

だからこそ、ソフトウエア流通をはじめ、「ＹＡＨＯＯ！」というポータルサイト事業、「ＹＡＨＯＯ！ＢＢ」というブロードバンド事業、「ソフトバンクモバイル」という携帯電話事業など、プラットフォームビジネスを手がけるのでしょう。

そういう彼の発想を借りると、入り口を間違えないようにしなければならないということです。

今自分がやっているビジネスは、年商いくらの規模を見据えているのか？
あるいは今自分がやっている仕事は、年収いくらの可能性を見込んでいるのか？
もし自分が孫正義氏なら、自分がやっている今の事業ドメインを選ぶか？

モデル・リーディング

なぜ著者はそう考えたのかを想像しながら読むことで
その考え方を自家薬籠中のものとする

今の仕事を選ぶか？
今の稼ぎ方を選ぶか？

……やばい、書きながら自分のビジネススケールの小ささを痛感してしまった……（汗）。

本には、著者の価値観や思考特性がにじみ出ていますから、彼らの思考を借りて考えてみましょう。ただし、モデル・リーディングは、同じ著者の同じ本を、何度も何度も繰り返し読み、著者の思考体系を自分にインストールする必要があります。

なぜ著者が「そうしたのか?」を考える

オンライン書店のレビューを見ると一目瞭然ですが、同じ本でも評価が分かれます。つまり、同じ本を読んだとしても読者によって、受ける印象も得られる情報も異なるということです。その違いをもたらすのは、読者の先入観であったり、感受性であったり、好き嫌いを含めた価値観だったりします。

しかしほんとうに読み取らなければならないのは、著者が「なぜそういう発想をしたのか?」「どのような考えのもとに、それを生み出したのか?」「その結果、いったい何に作用したのか?」ということです。そうした彼らの「思考プロセス」を想像し、試行錯誤を繰り返していかなければなりません。

たとえば、僕にとって経営の教科書の一つでもある『一勝九敗』(柳井正著、新潮社)に、こういうフレーズが出てきます。

「やろうと決めたらその瞬間にその通り実行されないと、つぶれる」

ビジネスの世界は厳しい。計画どおり行くことなんてほとんどない。柳井氏のような日本を代表する経営者でも、数多くの失敗を経験している。ということは、僕程度ならなおさらだろうと思います。

「その瞬間に」はスピード

「その瞬間に」というのは、当たり前ですが、スピードが重要だということです。すぐにやらないと経営環境は変わってしまうし、他社に先を越される可能性もある。ダメならすぐに撤退しないと、損失を重ねることになる。

僕の卑近な例で言うと、ゴールデンウイーク中にブログを思い立ち、30分で作りました（「本日の〝いぶし銀〟」http://.www.ibushigin.seesaa.net）。でも、これくらいは誰でもできる。

先月は、新セミナーの企画を朝に思いついて、すぐに日程を決めて貸会議室を押さえ、その日の夕方には開催概要とセールスレターを作り、ウェブ制作会社に発注してアップしました。セミナーのパワーポイント資料も、3時間で60ページ作りました。でも、トップクラスの人たちと比べると、まだまだ遅い。

相当に重要な局面でない限り、いったん持ち帰って決めるとか、今週中にとか、週明けにとか、その程度のスピード感では、ダメなのです。**「打ち合わせしていて思いついたら、その場で携帯電話をかけて部下に指示を出す」という、ソフトバンクの孫正義氏との差は開くばかりだから**です。

「そのとおり実行」は徹底力

「その通り実行」というのは、徹底してやる、ということ。この徹底というのがキモですが、なかなかできない。

たとえば、自分の顔と名前を覚えてもらうにはどうすればいいかというと、恋愛と同じで、**一回あたりの時間が短くても、「何度も会う」のが最も効果的**です。

僕も仲よくなりたい人が出没するところには何度も足を運びます。そうすると、ちょっとあいさつするだけの関係が、立ち話をするようになり、一緒に食事をするようになり、ときには仕事につながる。

つまり、徹底するというのは、スマートか泥臭いか、効率的か非効率的かなんてことは関係なく、「名前を覚えてもらう」という目的を達成するためには、いったい何が最も効果があるかを追求する、ということです。

「つぶれる」は生きるか死ぬかで取り組むこと

「つぶれる」というのは、文字通り会社がつぶれるということでしょう。中途半端な努力は、結局中途半端な成果しか生まない。社員の仕事ぶりも中途半端になり、中途半端な仕事で満足する。そんな会社が生き残れるはずがない。

僕がエステサロンの経営をしていたときは、自分でもビラ配りをしたし、スタッフが帰った後、お台場にあるデックス東京ビーチの社員食堂で、深夜までパンフレットを三つ折りにする作業もしました。結局はうまくいかなかったわけですが、そこまでやってダメなら納得して撤退の決断ができます。

誰でも後悔をしたくはありませんが、**「まだやれる余力を残していた」という状態で失敗したというのが一番したくない後悔**です。

マラソンでゴールした後、腕時計を操作する選手を見かけますが、そんな余力さえ残さず走りきる。箱根駅伝のように、ゴールしたらぶっ倒れるくらい全力を出し切る。**セミリタイヤできる財産があっても、自分が成長できる余地がまだあるなら、徹底的に自分を鍛える。**僕はそういう意識で会社を経営し、新規事業にチャレンジし、本を書いています。

両親から授かった、この名前を後世に残すこと、この身体をめいっぱい活用すること、それが親孝行になるんじゃないかな、と思います。

ちょっと暑苦しいですか（笑）？

でも、そんなふうに、著者の思考を汲み取りながら、自分の経験とも照らし合わせ、考えを広げていくと、たった一行でもここまで広がる。僕がなぜ本を読むのが遅いのか、おわかりいただけたと思います。

もちろん、正解なんて著者に聞かないとわからないですから、それが当たっていなくてもいい。正しいかどうかが問題なのではなく、そうやって思考を巡らせることが、著者への追体験になる。そんなふうに考えながら読むと、**その他大勢の人には見えな**

その繰り返しが、見える人と見えない人の違いを生み出すのです。

「奥に潜む何か」が見えるようになります。

コラム

理論書・難しくて分厚い本を読もう

僕たちは学者ではないですから、小難しい理論書はビジネスパーソンには不要だという意見もあります。しかし個人的には、初学者こそ、理論書を読んだ方がよいと思っています。なぜなら、**理論は、経験の浅さを埋める役割を果たしてくれる**からです。

相対的に少ない読書量、少ない経験量でも効率よく学ぶためには、成功者とそれ以外の人とを分かつ、細かい差の意味や重要性を理解することが必要です。理論書には、そういった細かい差を識別するための正確な評価方法や視点が、微に入り細に入り書かれています。

理論書を読み通すのが大変な理由はこのあたりにもあるのですが、こういったことを理解すると、経験不足のときには大した違いだとは思っていなかったことが、実はとても重要なことだとわかることがあります。

たとえばセールスコピーの本を読んだだけでは、業種業界も商品も異なる場合、本の内容を応用し、売れるコピーを作るのはなかなか難しい。しかし、行動経済学のテキストを読むと、なぜ宝くじの広告が、「当たる確率」ではなく「当たる本数」を訴求しているのかが「理屈」としてわかるようになります。そうした知識が、成功の再現性を生むのです。

また、理論書は読んで字のごとく、非常に論理的に書かれているため、自分のバックボーンとして蓄積できれば、実務での言動に圧倒的な説得力を持たせることができます。

それに、読み通すのにはある程度の忍耐力が必要で、読み込める人が少ないですから、自分と他者を差別化する参入障壁にもなります。

この章のまとめ

- □ 成功した人や尊敬する人の著作をすべて読む
- □ 感動しながら読み、なおかつ主張を受け入れることで、著者の思考回路を身につける
- □ 主張が180度異なる本を両方読むことで、ものごとの本質とつかむ（複眼読書）
- □ 異端な意見は新書で拾う
- □ なぜ著者がそうしたのか考えながら読む（モデル・リーディング）ことで、仮説力を鍛える

4章

お金を生み出すアウトプット読書法

読書の5倍考え、10倍実践する

水泳の北島康介さんは、腕の筋肉の動かし方を1センチレベルで意識しながら練習しているそうです。

マラソン選手にしても、ただ漠然と走っているわけではなく、手の振り、膝を上げる角度、着地の際の足の裏の感覚、呼吸のリズムや深さを意識しながら、そして少しずつ修正しながら練習しています。

傍目にはただ走っているだけのように見えますが、実は頭の中では、タイム向上やスピードアップにつながるさまざまな仮説を意識し、それを手足の動きに結びつけて検証しているのです。それをもとにまた考え、走りを変化させているのです。

読書も同じで、読むだけでなく、考え、実践することが大切であり、「たくさん本を読めば成功できる」「たくさん本を読まなければビジネスマン失格」というのはやはりムリがあると感じます。

たくさん本を読むことが大切なのではなく、**「読んだ本の中から、どれだけ深く考え、どれだけたくさん実践したか」**が最も重要です。

「読んでおもしろかった」「ためになった」「新しい情報があった」で満足してしまうと、**学んだことを練習せずに、あるいは、ちょっとやっただけで、すぐ次の新しいことを学ぼうとします。これでは身に付くはずがありません。**身に付いていないものは、他人の役に立てるはずもありません。それではお金はもらえないし、現実が変わるはずがありません。

もちろん、たくさん読んで、その蓄積がいつのまにか自分の行動を変えていた、ということもあると思いますが、読書以外にもやりたいことはたくさんあるはずです。読書ばかりに時間をとられるわけにはいかないでしょう。

読書と実践の黄金律

○ 読書時間：考える時間：実践する時間＝1：5：10

→読んだことを実践することで成功に近づく

× 読書時間：考える時間：実践する時間＝10：5：1

→「読んでおもしろかった」で終わり
何も身につかない

読んでいるだけでは身につかない

アウトプット力を変えるには、繰り返し繰り返し練習しなければなりません。もし本を読んでいるけど成果が出ないと感じている人は、練習量、つまり実践が足りないのではないかと振り返ってみましょう。

読書を無駄にしない一つの方法を提案したいと思います。

1日の読書に費やした時間を計測してください。

次に、その本を離れて自分なりに考えた時間を計測してください。

そして、考えたことを実践した時間を計

測してください。

目安は、読書時間：1に対し、考える時間：5、実践する時間：10　です。

あくまでもわかりやすい目安にすぎませんが、これができないうちは、**あえて読書時間を減らす**、という勇気も必要です。

次では、実践の前段階としてのアウトプット方法を、「書く」と「話す」という視点からご紹介します。

> アウトプットには「書くアウトプット」と「話すアウトプット」の2つがある。

書くことでアウトプットの精度を高める

アウトプットの方法として、「書く」ということは、僕はとても有用だと考えています。

自分の手でペンを握り、ものを書くということは、発想を「文字や図に変換する」作業であり、かなり頭を酷使する行為です。それに、書くという手の動きが脳への刺激となって、脳の働きをより活性化させます。さらに、書いたものを視覚で認識することになるので、もっと頭に入ります。

また、文字として残しておけば、あとで何度でも見返し、考え直すことができます。本は一度読んだだけでも、それを紙に書いておけば、書いたものを読み返すことによって、**自分が感じたことや考えたことを何度も追体験することができるので、思考を何倍にも深めることができます。**

この一連の作業は、本の内容を「消化」して「昇華」するのにはとても効果的です。実際、試験勉強や認知症予防などでもおなじみの方法ですよね。それに、後述する「話す」アウトプットは相手が必要ですが、「書く」ことは自分一人でいつでもどこでもできます。

しかし、紙に書くことは意外に面倒くさい。でもその面倒くさいことを続けることが、読書に対する自己関与欲求を強め、後で活用しなきゃというモチベーションにもなります。

いつでも誰でもできるノートアウトプット

書く方法論として、僕は一冊のノートにまとめる「思考ノート」という方法を提唱しています。詳細は拙著『**脳を「見える化」する思考ノート**』（**ビジネス社**）に譲りますが、ここでは思考ノートを使った読書の方法についてご紹介します。

ノートアウトプット法

1 まずはキーワードを書き出し矢印でつなげる
2 著者の言葉にインスパイアされた発想を書く
3 自分カスタマイズの名言集をつくる
4 あとで見返して書き加えていく
5 本の目次をそのままチェックリストにする
6 本をそのままノートにする

1 まずはキーワードを書き出し矢印でつなげる

方法はカンタンです。

まずノートの上部に本のタイトルと著者名、日付を入れます。これは後で見返すときの検索性を高めるためです。

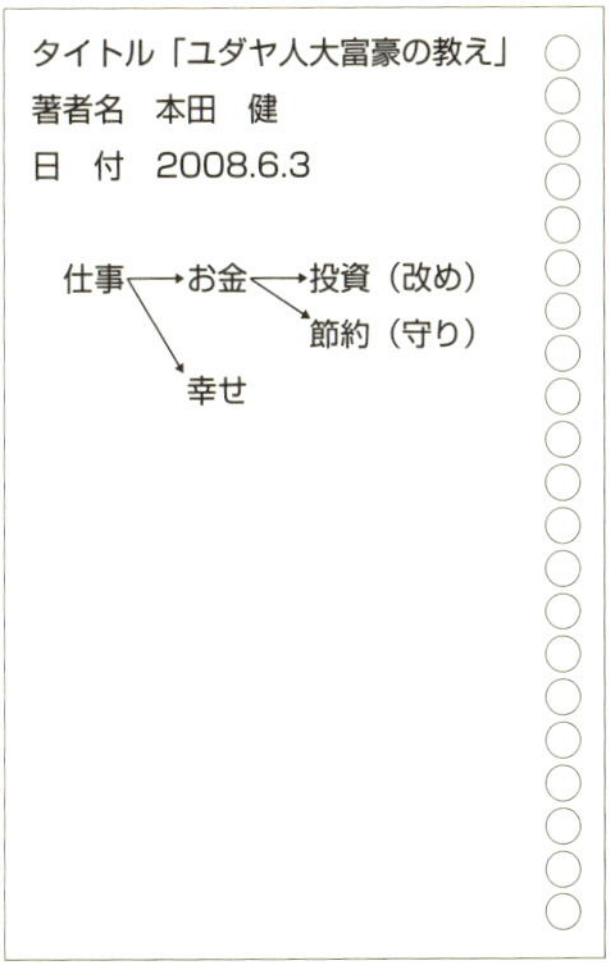

箇条書きにするのではなく、キーワードを書いて線で結びつけていく

そして、本を読みながら心に響いたキーワードや、思い浮かんだ自分の考え・アイデアを片っ端から拾い上げて、ノートに書いていきます。

ここでのルールは、**書いた言葉と言葉は、必ず線や矢印でつないで関連性を持たせる**、という点です。

なぜなら、箇条書きだけという書き方だと、後から思考の関係性や連続性をとらえることができず、「はて、なんでこんな言葉を書いたんだっけ？」と思い出せません。僕たちの思考は連続的に発想されていくので、その発想通りに書いていくのが最も自然で、自由な発想を妨げない方法です。

また、文章を書こうとすると、とても時間がかかり大変です。そもそも書くこと自体が面倒くさいので、さらに面倒くさい方法は続きませんからね。

2 著者の言葉にインスパイアされた発想を書く

『スラムダンク』（井上雄彦著、集英社）にこういう場面が出てきます。

ルーキー流川楓が、試合中に相手の反則でまぶたが腫れ、片目が開かなくなってしまいました。フリースローのチャンスですが、遠近感がつかめない。あわや外すか？と思われましたが、流川は両目をつむってシュートを打ち、見事決めました。その直後に流川が言ったのが次のセリフです。

「何百万本も打ってきたシュートだ。体が覚えてるさ」

僕はこの言葉に電流が走りました。

本を読んでお金に換えるには、何度も何度も繰り返して練習しなければならないのだと改めて認識したからです（理論上は何百万本も打てないのですが、この際そんなことはどうでもいいのです）。

もちろん、読んだことすべてがすぐに実務に使えるかというと、そういうものばかりではないですし、思考の組み替え作業が行動として表出するには、多少の時間がかかるでしょう。

しかし、スポーツやお稽古の場合は何千回、何万回も練習するのに、ビジネスや投資の世界では「1回やったけどダメだった」で終わらせる人が山ほどいます。

読んだ内容を覚えていることが重要なのではありません。

読んだ内容を実践し、試行錯誤して修正し、繰り返して錬磨し、目をつむってでも繰り出せるほどの技として身について初めてお金に換えることができるのです。

あるいは、**『エンゼルバンク』**（三田紀房著、講談社）というマンガにこんな場面が出てきます。

「成功の反対語って何かわかるか?」

新人の社員はこう答えます。

「成功の反対って言ったら失敗でしょ?」

「違う。**成功の反対は、挑戦しないことだ。成功とは失敗という基礎の上に成り立つものだから、成功と失敗は同義語だ**」

このくだりを読んで思い出したのは、成功した経営者の多くが「いやあ、たまたま運が良かっただけなんですよ」と言うことがありますが、失敗にメゲることなくチャレンジし、運を引き寄せるべく努力をしてきた、ということです。本の内容とは異なっても、そういう思いついたことも書いていく。

そうやって、ノートには、「これは使える」と思った言葉、「なるほど」と思った情報、「それは違うんじゃないか」と反論したくなった言葉など、とにかく「おっ」と感じたことは、すべて書きとめるようにします。

よほど衝撃を受けた言葉以外はほとんどすべて忘れ去られますから、まずは忘却から救うという意味があります。

そして、もっと大切なことは、本に書いてあることをそのまま丸写しすることよりも、その瞬間瞬間に、自分自身がどう感じ、何を考え、今日から何をすべきか、という発想を書き残すことです。

他人が発信した情報に対し、刺激を受けて自分が感じた感想、インスパイアされて生まれた思いつきや発想を書きとめることによって、自分オリジナルの発想に転換します。

3 自分カスタマイズの名言集をつくる

僕は「名言」が大好きで、本やマンガを読んで気に入った言葉、セリフを「思考ノート」に書き残しています。名言集も好きで、書店で目にとまったら必ず買って、気に入ったものをノートに書き出しています。

そして今、僕が時間の空いたときに少しずつとりかかっている作業は、こうしてバラバラに書き留められた名言の数々を、テーマ別に編集することです。

「夢見ることができれば、それは実現できるのです。いつだって忘れないでいてほしい――何もかもすべては一匹のネズミから始まったということを」

ウォルト・ディズニー

「奇跡が起こるのを待っているなんてつまらない。奇跡を起こすことがほんとうにおもしろい」

詠み人知らず

アイデアをひねり出すための名言集

「仕事は探してやるものだ。自分が創り出すものだ。与えられた仕事だけをやるのは雑兵だ」

織田信長

「縮めたいならまず伸ばしてやる
弱めたいならまず強くしてやる
追い出したいならまず味方にしてやる
勝ちたいならまず勝たせてやる
取りたいならまず与えてやる
これが長期の視野できるのが、底知れぬ知恵というものだ」

孫子

人間関係でメゲたときの名言集

「自分の存在価値のある仕事をしたいから、
他人のことでイライラしているヒマなんてない。」

作家の大谷由里子

「あなたが生まれたとき、
あなたは泣いて、まわりは笑っていたでしょう。
だからあなたが死ぬときは
周りが泣いて、あなたが笑っているような
人生を歩みなさい」

アメリカ先住民のことわざ

落ち込んだときに回復する名言集

「負けたことがある　というのが、いつか大きな財産になる」

（「スラムダンク」の堂本コーチより）

「好きなように生きればいいじゃない。人生いつもおけいこなんだから」

（「クレヨンしんちゃん」の野原みさえより）

「夢は叶えるよりも、夢に向かっているときの方が何倍も楽しい。だって「夢中」とは、夢の途中と書くでしょ」

（詠み人知らず）

疲れたときでもやる気がみなぎる名言集

「才能とは、誰かに見つけてもらうことでもないし、何もしないでそこにあるものでもない。才能とは、果てしなく続く繰り返しに耐えられることだ」

角田光代

「夢という言葉は好きではない。夢は見るものでかなわぬもの。ここで投げられると信じてきたから、ここに来られた」

（レッドソックスに入団が決まったときの松坂大輔の発言）

「努力した者が全て報われるとは限らん。しかし、成功した者はすべからく努力しておる」

（「はじめの一歩」の鴨川会長より）

あきらめそうになったとき用の名言集

「私の最大の光栄は、一度も失敗しないことではなく、倒れるごとに起きるところにある。」

本田宗一郎

4 後で見返して書き加えていく

思考ノートで重要なポイントは、書いたら書きっぱなしのメモで終わらせるのではなく、後から何度も見返して、さらに思い浮かんだ発想やアイデアを追記していくことです。

実際にやってみるとわかりますが、ノートに書き込んでから数日経って見返すと、必ず何か違う発想を思いつくものです。それを線や矢印でつないで余白に書き加えます。そしてまた時間が経過して見返して、新たに思いついたことを書き加えます。

この作業を繰り返すことによって、それまで**著者の思考の手のひらの上だけで踊っていた自分が、著者を離れ、自分独自の発想へと発展する**のです。僕自身、この方法で本やコラムのネタをひねり出しています。

見返す作業は、何日後でとか、何回とか決める必要はなく、興味の赴くまま、ちょ

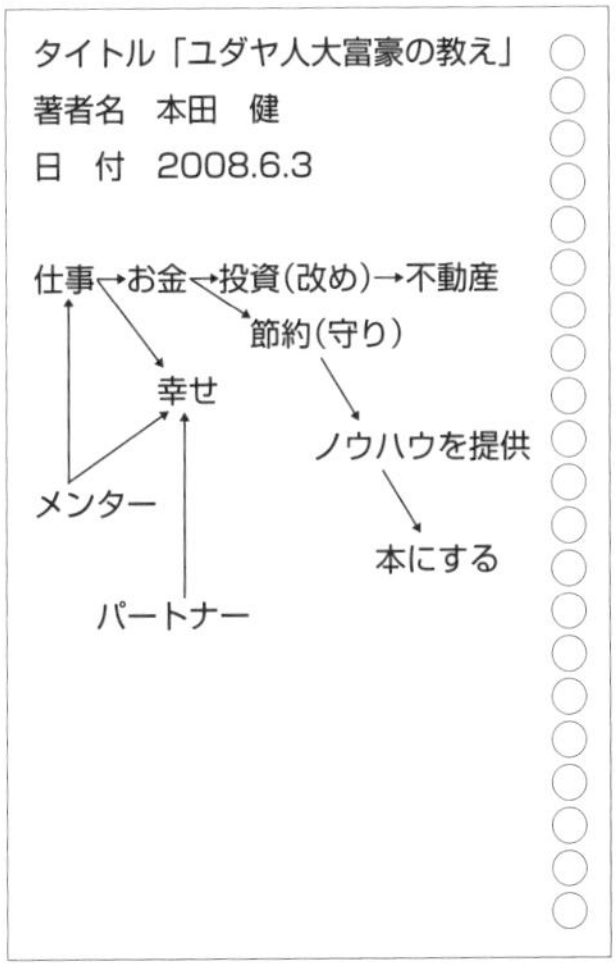

後で思いついたことを書き込むことで、著者の発想を自分の中に取り込んでいく

っとしたコマ切れ時間を使えばいいでしょう。

後から書き加えることができるように、ノートはたっぷりスペースをとって贅沢に使います。あとで付け加えた内容は色を変えて書くようにすると、どんな発想がどんな順番で出てきたのか、一連の思考の流れが一日でわかります。

読みながらノートに書くことは、他人の知恵・ノウハウ・情報のインプットとアウトプットが同時に実現できる方法です。

その中でもノートは、よりスムーズに他人の知恵を自分に取り込み、そこに自分の発想を加えてオリジナルの知恵に変換することができるツールです。

5　本の目次をそのままチェックリストにする

ノウハウ本などは、本の内容を実践するために、目次をそのままノートに書き出して、チェックリストとして使っています。

編集者がよく練った本は、目次、つまり見出しのフレーズが、内容をしっかり表したものになっています。短くインパクトのある言葉で、その項目の内容を要約して表現しているので（これは編集者の腕の見せ所でもあります）、そんな本は、まるごとチェックリストやＴＯＤＯリストとして使えます。

たとえば、**平秀信さんの『年俸5億円の社長が書いた　お金を生み出す知的生産術』（アスコム）**は見出しがしっかりしているので、僕はそのままノートに書き出して、ＴＯＤＯリストとして使っています。

☑「**朝一番にするべきことはメールチェックではない**」→朝はコピーを書いたり企画を考えたり収入に直結する仕事をしているからクリア！

☑「**よけいな情報をインプットしない**」→新聞も読まないしテレビも見ないからクリア！

□「**本当に叶えたい夢は紙に書いてはいけない**」→紙に書かないとかなわない程度のものは夢ではないと。結構書いちゃっているな…。

□「**相手を変えるより自分をパワーアップしろ**」→人にごちゃごちゃ言わずに、自分がもっと稼ぎ力をつけるべきだ。ここはまだまだ追求しなければ！

□「**女の子と仲良くなるより社長と仲良くしろ**」→これはまだできてないな。でも社長の友人は増えたぞ。

□「**社長自ら汗をかいている会社は貧乏になる**」→ギクっ！僕はもっと集客の仕組みやその先の戦略を考えねば！

□「**少し儲けたくらいなら誰にも言うな**」→嫉妬攻撃を受けるからとのこと。ヤバイ、もう言っちゃってるよ。これからはケタ違いに稼ぐまでは黙っておこう……。

もちろん中には「『人脈』を広げても何の役にも立たない」というふうに、そのままチェックリストにするのは難しいものもありますが、それは内容を読んで自分で変えればいいだけです。

目次をそのままチェックリストやTODOリストとして使うことで、本の内容をモレなく実践することができます。

6 本をそのままノートにする

ちょっとした待ち時間に立って本を読むとき、ノートを取り出すのは面倒くさいし、書き出したい量が多いときは、手書きだと結構大変です。

そんなときは、本にそのままメモします。スペースが狭いのが難点ですが、とにかくラクなので、思いついた言葉をどんどん書き込んでいきます。

それを後でパソコンに打ち込んだり、ダイレクトに企画書作りの参考書にしたりします。

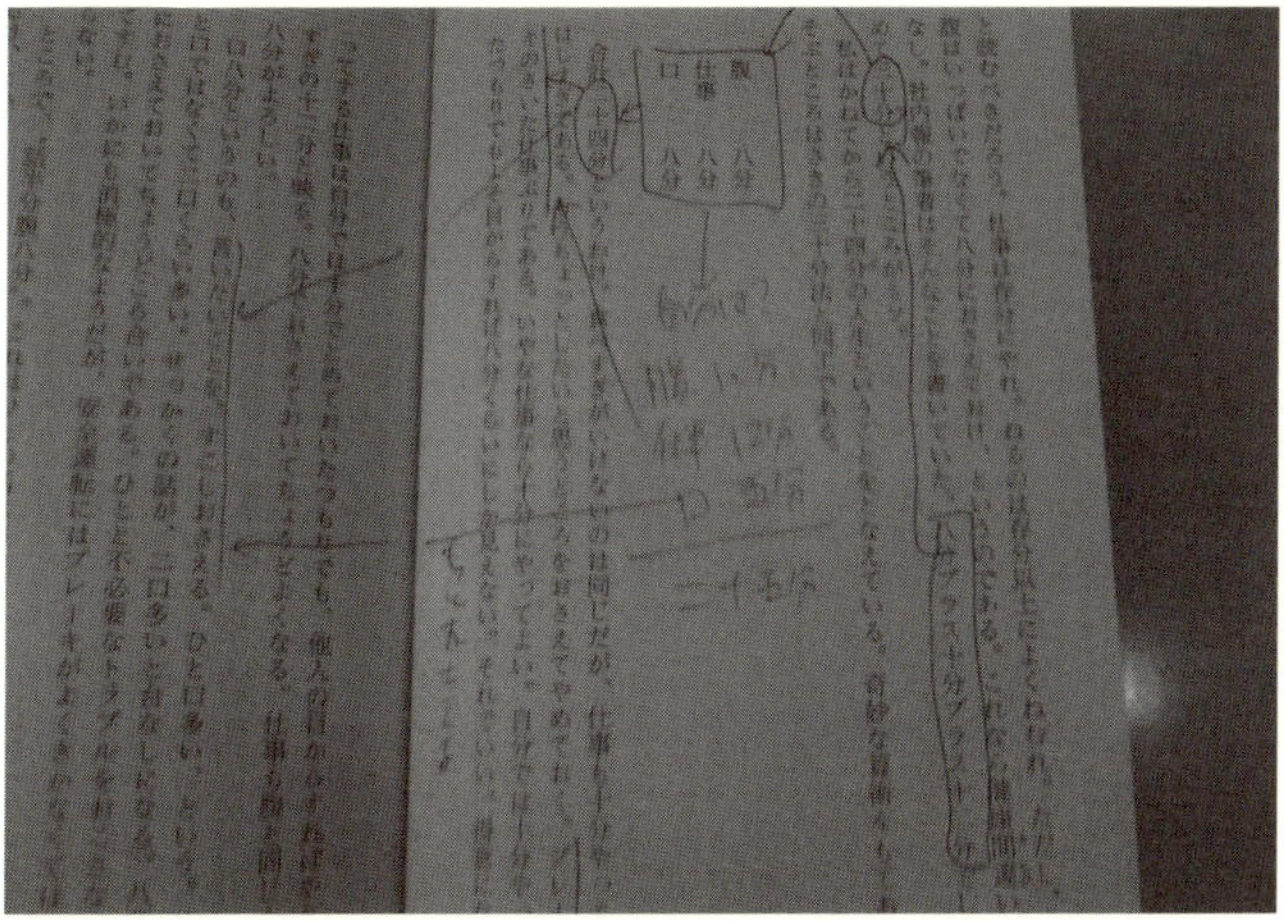

ノートに改めて書くのが面倒なら、本にそのまま書き込んでしまう

後で見返すにしろ、引用として使うにしろ、気になった文章や参考になる箇所には線を引いておきます。そうすると、**後からアクセスする時間が大幅に短縮されます。**線を引いていなかったら、もう一度読んで探さなければならず、時間がかかってしまいますから。

線を引く、ポストイットを貼る、ページの端を折る

僕はつねに3色ボールペンを持ち、線を引いたり、矢印でつないだり、思いついた言葉を書き込んだりしています。同時に、線を引いたページの端を折っておくと、よ

ポストイットを索引代わりにすると、読み返すときに便利

り検索性が高まります。

本を汚すことに抵抗がある人には、ポストイットがおすすめです。また、ポストイットにキーワードを書いておくと、索引代わりになるので便利です。

僕も自分のカバンの中には常にポストイットを忍ばせていますが、電車の中などではわざわざ取り出して貼るのは面倒なので、持ち歩く前に、30枚くらいのかたまりを、本の裏表紙に貼り付けておきます。

まあ、こんなのは単なる好みの世界ですので、アクセスタイムの短縮になるなら、どんな方法でもよいでしょう。

しかし、一方で本に線を引きながら読む

ことの問題点も指摘されています。その理由は、「自分が納得できるところだけに引く」からです。

「自分の考えと波長が合うところを確認し、安心するだけの作業だから成長がない。線を引くなら自分の考えと異なる部分に引くことのほうが大事」という意見もあり、これはこれで、なるほど一理ある意見です。

デジタルアウトプット法

アナログのノートを使った方法だけでなく、デジタルツールを使ったアウトプット法もあります。

私が実践しているのは、次の2つです。

1　携帯メール
2　ブログ・メルマガ
3　書評を書く

1　携帯メールで自分あてにとばす

僕の場合、読書はほとんど通勤の電車内です。

混んでいる電車の中で、ノートに書くのはつらいし、パソコンを開けて打つということもできません。そこで、携帯電話のメール機能を使って、自分のパソコン宛に飛ばすようにしています。

そのため、長いこと買い換えていなかった携帯電話を新調しました。なぜなら、最近の携帯電話の文字変換機能はとても賢いからです。たとえば「か」と入力すると、「仮説」「感謝」「観察」「カテゴリー」など候補一覧が表示されるので、以前より入力の手間は大幅に削減されました。

しかも通信スピードの速い機種なので、読書中に気になった用語の意味や関連情報を素早く確認できるので、とても重宝します。

では、送った携帯メールはどうするか？

僕の場合は、主に次の4つの用途に分類します。

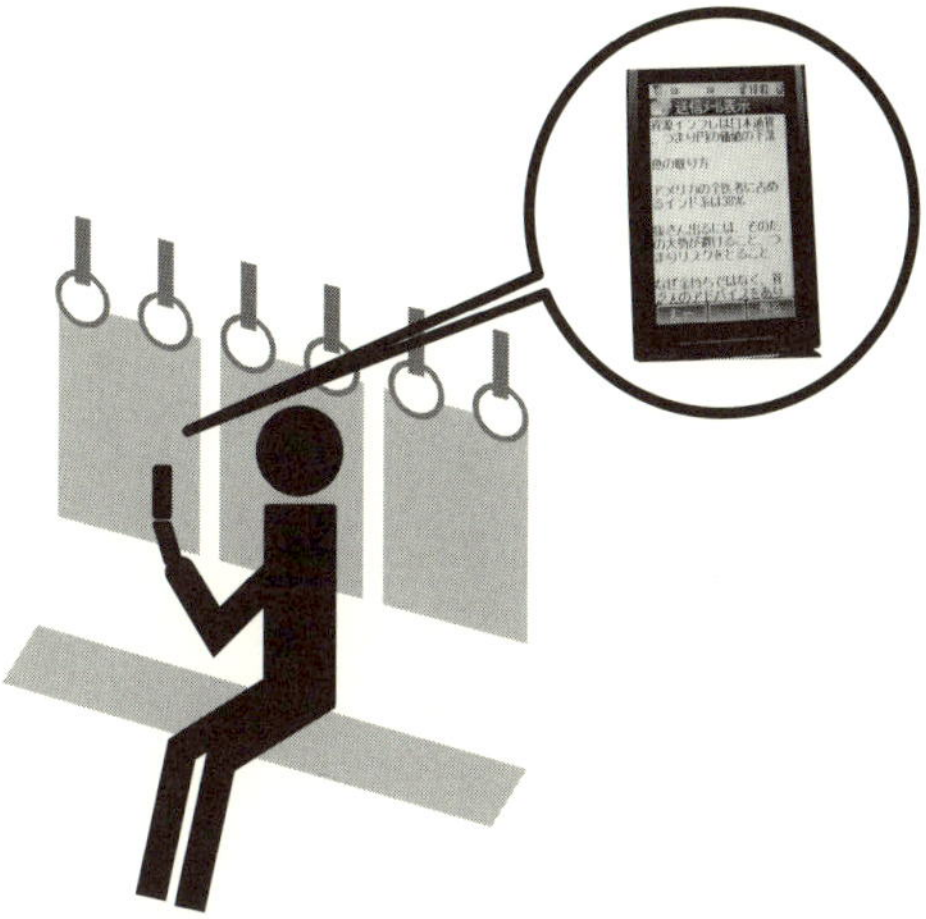

携帯から会社や自宅のPCに読書メモをメールで飛ばすと、データ化に便利

1　会社経営に活かす（新規事業も含む）
2　個人的な資産運用に活かす
3　講演、セミナーで使う
4　本やコラムの執筆で使う

1と2は、会社に到着後、すぐに実践します。すぐできないものは未読メールのまま残しておき、やったら削除します。3と4は、テキストメモにデータとしてまとめておいて、プレゼン資料や原稿を書くときに使っています。

2　ブログやメルマガに書く

誰でも簡単にアウトプットできる方法が、ブログやメルマガに書くということです。これは多くの著者が指摘していますし、実際にやっている人も多いですよね。これには3つの意味があります。

1 自分の備忘録にする
2 収入源にする
3 人脈形成メディアにする

1の「自分の備忘録にする」はポピュラーな方法で、自分の読書記録として、重要だと感じた部分を書き残す、ということです。

2の「収入源にする」は、アフィリエイトです。自分のブログやメルマガの読者を増やすことで、「自分の店」としての機能を持つようになります。

著名な書評メルマガの発行者や書評ブロガーの中には、オンライン書店のアフィリエイトで、月間50万円以上稼いでいる人もいます。売れれば報酬率も高くなるので、収入が加速度的に増えます。こうした副収入源を目指すのもアリですね。

この場合、訪問者をファンにする必要がありますから、まずは「共感」や「なるほど感」を得られる書評内容を書かなければなりません。
そして購読者数を増やすために、ブログランキングサイトへの登録といったのSEO対策、交流会や読書会などに参加し自分のメディアを宣伝する、ブロガーやメルマガオーナー同士の相互リンクや相互紹介、といった販促活動をする必要があります。

3ですが、本のよい感想を書くと、人脈がどんどん増えるという効果があります。これについては章末のコラムをご覧ください。

3 書評を書く

書評の内容はもちろん個人の自由ですが、僕は友人の本を紹介するときや書評をするときは、自分が学べたこと、自分が実践しようと思ったことだけを書くようにしています。

けなしたところで何もいいことはありませんが、前向きなことを書けば、その著者も出版社もうれしいし、それを見ている人も本への興味をかきたてられる。そして結果として本が売れれば、たった１５００円かもしれませんが、出版業界、ひいては内需拡大に貢献することになります。

もっといいのは、著者から突然、お礼メールが来て、友達になれることがある、ということです。

話すアウトプット

書くことと同様に、話すことも、自分の脳にくぐらせて血肉にする有効な方法です。その場合、友人や会社の同僚、部下に話す、というのが手軽です。僕も良い言葉があれば、日常の会話の中で社員に話すようにしています。

話すアウトプット法としてお勧めできるのは、次の３つです。

１セミナー・講演会で話す
２フィードバックを受ける
３会う人ごとに同じ話を違う切り口で話す

1　セミナー・講演会で話す

読むだけよりも断然に学習効果が高い方法は、「本の内容を人に教える、解説する」というものです。前著『**30代で差をつける人生戦略ノート**』（**三笠書房**）でも紹介しましたが、

・社内講師を積極的に引き受ける
・社内勉強会をあなた主催で呼びかけてみる
・講演の企画を売り込む

という方法です。講師をするには大変な準備を伴いますから、効果てきめんです。

たとえば「コミュニケーション」というテーマで社内勉強会を開催しようと思ったら、コミュニケーションに関する本をかなり読み込むことになります。そうしてたくさんの本のエッセンスを抜き出し、構造化し、自分の会社や業界にマッチするようにカスタマイズする。さらには話す練習を何度も繰り返すなど、かなりの時間と労力を

投下します。その経験こそが、高い学習効果を生むのです。

「社内には勉強会に参加するような向上心のある人は少ない！」という人は、**セミナーなどに参加して、同じ志を持つ参加者と仲良くなって、一緒に勉強会を開催する、**という方法も考えられるでしょう。

また、セミナーを企画・主催している団体に、企画書をつくって売り込む、という方法もあります（僕もまだ無名のときにやっていました）。

2 フィードバックを受ける

自分が発信した情報に対して、他人からのフィードバックを受けることは、さらに学習効果があります。

具体的には、自分がまとめたことや、話した内容について、ディスカッションしたり、質疑応答の場をつくったりすることです。

質問や疑問を投げかけられたときには、自分の考えを理解してもらおうと、表現を変えて説明しようとします。うまく説明や反論ができないところは、ロジックに甘さがあるところ、考えが練り込まれていないところということですから、そういう**自分の未消化部分が明確化され、さらに激しく考えざるを得なくなる**というわけです。

また、**読書会に人気があるのは、お互いに意見を述べ合うことで、自分の理解だけでは気づかなかった視点や意味合いに気づくチャンスが得られる点**です。

たとえば、成功本によく出てくる「メンターを持とう」というワンフレーズ。

これを読んで、あなたは何を感じますか？

「そんなのわかってるよ」という人は問題外ですが、人によっては、「身近で目標としたい人に、メンターになってもらえるようお願いする」と考えるかもしれません。あるいは、「こちらからお願いするのは自分勝手だから、自分がメンターだと認めた人の言動を観察し、職人技のように見て盗む」と考える人もいるでしょう。

「イチローや羽生善治さんといった有名人の本やインタビュー記事をくまなく読んで、私淑する」と考える人もいます。

もしかしたら、プロテニスプレーヤーのマリア・シャラポワ選手のように、「自分は自分が強くなった姿しかイメージしていないから、目標にする選手なんていないわ」

と考える人もいるかもしれません。

他者からのフィードバックを受けることは、自分だけの偏った理解から脱却し、多様な視点で一冊の本からたくさんの意味を学べる、貴重な方法です。

3 会う人ごとに同じ話を違う切り口で話す

僕が尊敬する大富豪の知人は、起きている時間のほとんどを、人と会って過ごしています。そのやり方がおもしろい。

午前中にAさんと会って聞いた内容を、午後にBさんに会ったときに話します。そうすると、Bさんは、「それはおもしろいですね」と感心してくれます。そして今度は、Bさんに聞いた内容を翌日、Cさんに話します。そうすると、Cさんも、「へえ、そうなんですか」と重宝してくれます。そしてCさんに聞いた話を翌週Aさんに話すと、「この人はものすごい人だな」と感心してくれます。結局、AさんもBさんもCさんも、また彼と会いたいと思ってしまうのです。

話すアウトプットで情報のわらしべ長者になる

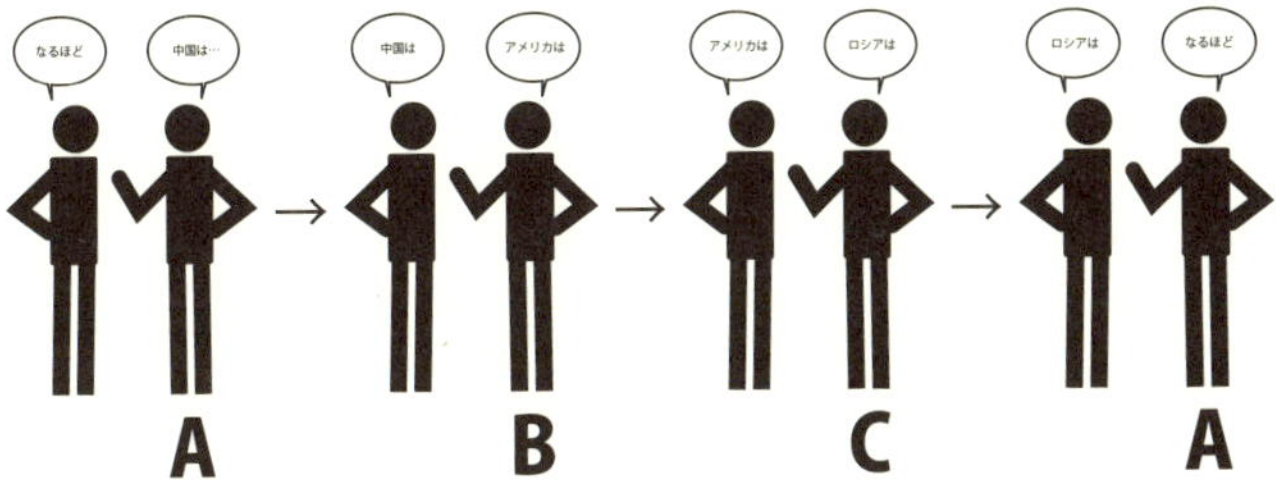

　そうやって彼はまったくお金も使わず、読書もしないで雪だるま式に情報通となり、他人の情報を使って人脈を広げ、かつ強固なものにしています。

　また、聞いた情報を人に話すことによって、自分の中で整理されますし、他の人から聞いた情報が交わることで、「点」の情報が「線」につながり、より有益なひとかたまりの情報になるのです。

　それで何が起こるかというと、企業間取引の仲介やM&A（合併・買収）の仲介が可能になります。こっちの企業では後継者難で困っている。あっちの企業は東京に進出したい。そこで企業売買のニーズをマッチングさせたり、取引を成立させたりしているのです。なんというか、**情報のわらしべ長者**みたいですね。

これを**読書に置き換えると、読んだ内容を人と会う度に話す**、ということができます。Aさんにも Bさんにも Cさんにも話す。そうすると、それぞれ違った反応が返ってきて、自分の考えが熟成されます。それを Dさんや Eさんに話せば、「深いところまで読んでいるんですね」と尊敬を集められます。

いずれにせよ、アウトプットの方法を自分なりに工夫して、あれこれ試してみると楽しいですよ。

コラム

本を媒介に人脈をつくり、広げる

書評ブログや書評メルマガなどでのアウトプットを続けると、その人のところに著者が集まるようになります。著者が集まれば、出版社の編集者も集まり、ますます読者が集まります。これが嵩じて、現役サラリーマンでありがなら、セミナーを開催し、次の自分のステージを模索するきっかけになったという友人が数名います。

僕も含めて、著者は自分の本を褒めてもらうとうれしいし、宣伝してもらえるのもうれしいですから、ブロガーやメルマガ発行人に献本するようになります。

著者の多くは、何かの分野でトップレベルに到達した人たちですから、豊富な人脈を持っています。ですから、著者が集まる会合に誘われるようになると、加速度的に人脈が広がります。

著者人脈をつかんで、さらにアウトプットする

しかし、一度著者と名刺交換しただけでは、忘れられる可能性が高い。だから、二度目に会うときがチャンスです。

方法は簡単です。交流会などで著者と会う前に、その著者の本を読んでブログにアップし、それを事前に連絡したうえで、当日、再び名刺交換するのです。そうすると、共通の話題で盛り上がることができ、覚えてもらえます。そして、著者の人脈を紹介してもらえる可能性が高くなり、その後の交流がますます発展します。

そうやって、ブログに書こう、著者と会ったときに話題にしよう、という意識で読むと、問題意識が格段に高まりますから、漫然と読むよりも記憶への定着も高くなります。

問題意識というのは、自分なりの視点を持って読む、ということですが、言い換えると、**「どうアウトプットしようかな」と意識しながら読む**、ということでもあります。

どうやって、「ビジネスに活かす」「投資に活かす」「恋愛を成就させる」「悩みを解決する」「スピーチのネタにする」「メルマガのネタにする」「顧客訪問時の雑談のネタにする」かを考えながら読む。

ビジネスパーソンであれば、問題にぶつかれば解決したいと考えます。

解決の方法がわからなければ、そのとっかかりを得たいと考えます。それが健全な知的好奇心を生み、読書へと向かわせます。

「問題を解決したい」という意欲が強ければ強いほど、脳内にキーワードが立ち上がり、その情報に敏感に反応するようになります。それは読書に限らず、街を歩いていても、会話していても、自然に情報が集まります。

アウトプットとインプットの差が実力になる

僕も現在、本業の会社経営だけでなく、数多くの講演やセミナーをこなし、本を書き、コラムを書き、さまざまなアウトプットの機会を持っています。

2時間話すためにも、一冊の本を書くためにも、相応のインプットが必要です。

本業の中で得た経験、人と会って得た情報などに加え、本も重要なインプットツールです。たとえば一冊の本を書くためには、20冊から、多いときには50冊くらい読みます。

これは、自分の脳の引き出しに埋もれている情報を引っ張り上げるフックとしての役割と、類書との差別化を図るための情報収集としての役割があります。職業にもよりますが、**アウトプットが増えれば、結果的に多読になる**のではないでしょうか。

この章のまとめ

- □ 読書の10倍実践する時間をつくる
- □ 読んだことを脳にくぐらせて血肉化するために、アウトプットしていく
- □ アウトプットには「書くアウトプット」と「話すアウトプット」がある
- □「書くアウトプット」で、思考力や発想力、モチベーションを高めていく
- □「話すアウトプット」で、フィードバックをもらう
- □ アウトプットを高めるために、さらにインプットする

5章

高速大量インプットするコンサルタントの読書術

速読の4要素とは？

本書は「お金に換える読書」を中心にしていて、速読には消極的な考えですが、そんな僕でも速読することがあります。それは、冒頭でも述べた「リサーチ作業」の場合です。

たとえば、企画書や資料をつくる、顧客の質問に答える、などで必要な情報を調べるときは、大量の文献を高速でこなしていきます。カネにするとか思考の枠組みを変えるとかではなく、目の前の仕事に役立てるための情報収集ですね。

この場合、必要とする情報や知りたい情報は決まっているわけですから、大量の文献の中から、いかに短時間で効率よく拾い出すか、が重要になります。

得た情報は単なる素材にすぎず、重要なのはそれをベースに考えることです。したがって、**考える時間をつくるためにも、情報収集作業にかける時間は極力短くしたい。結果として速読になる、**というわけです。

僕の経験からすると、読むスピードは、速読の本でよく見られる、「目をどう動かすか」ということよりも、**「経験値」「読書量」「関心度」「集中力」に比例する**と思っています。

1 経験値を高める
2 読書量を増やす
3 関心度を高める
4 集中力を高める

1 経験値を高める

誰でも得意分野があり、そうした分野の本は速く読めます。なぜなら、すでに知っている情報が多く、理解のスピードが速いからです。

既知の内容が入っている箇所であれば、専門用語も写真撮影をしているように瞬時にイメージとして理解できますから、未知の分野の本と比べれば、格段にスピードが上がります。

また、**経験値が増えれば増えるほど予測力が高まり、さらにスピードが上がります。**たとえば管理職にある人なら、リーダーシップに関する専門書を読んでも、「これはこういうことを言っているんだろう」と先回りして想像できるので、かなりの部分を確認作業のみで済ませられます。

たとえば、次ページの文章を読んでみてください。これはかつて僕がロングテール理論を礼賛する風潮に警鐘を鳴らす意味で書いたものです。

さて、読むのにどれくらいの時間がかかったでしょうか。

ロングテールの知識がなければ、単語を追い、フレーズを追い、頭の中で黙読しながら進んでいきますから、どうしても時間がかかります。しかし多少の知識がある人以前「ロングテール」という言葉が流行しました。ロングテールとは、ABC分析の上位商品の総数よりも、売上が少なくても下位商品の累計（これが長いしっぽに見え、ロングテールと呼ばれる）を合わせると、結構バカにならない（というより大きな）売上になっているというものです。

店舗運営など在庫型のビジネスでは売り場面積が限られています。その中で最大の売上を実現するには、やはり売場効率を考え、売れ筋商品のスペースを広げ、死に筋商品は排除しなければなりませんから、商品の絞り込みが必要になります。

しかし、特に音楽ソフトなどデジタルコンテンツのダウンロード販売のように、保管コストや在庫による資金の固定化をほとんど無視できるビジネスでは、1年に1つしか売れないような商品でも、数多く用意することで大きな売上を期待できるという理論です。

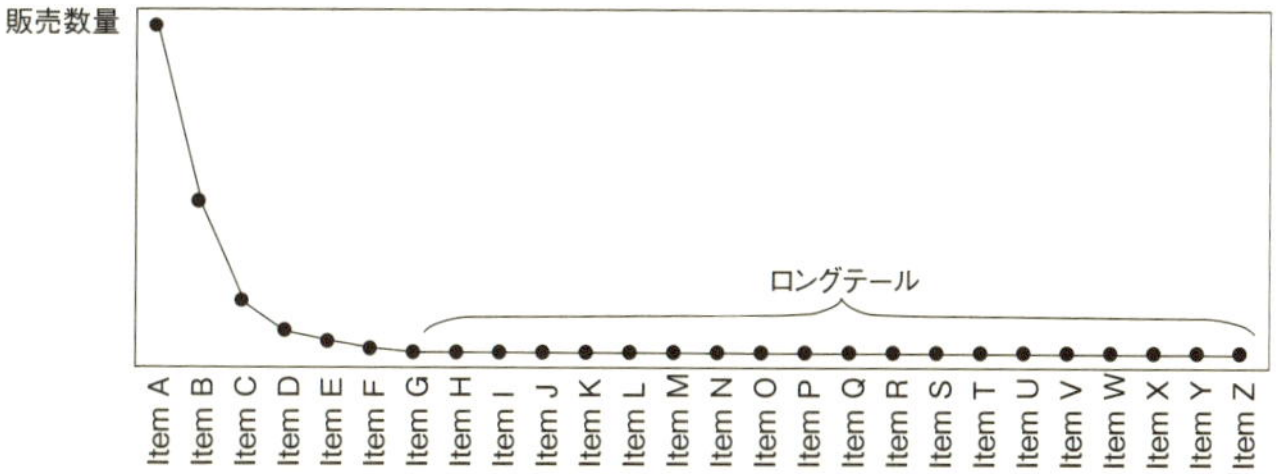

提唱者のクリス・アンダーソン氏によると、ロングテールで重要なことは、十分な品揃えと、欲しい商品をうまく見つけられるようになっていること。売れ行きの良くない商品には大きなコストをかけられないから、ローコストで提供できること。そして、ロングテール浸透後は、ミドルレンジの商品に目を向けること、だそうです。

しかし近年は、より上位商品への集中度が高まっているため、ロングテールだと思っていたけれども、そのしっぽは思ったより細い、という傾向があります。

したがって、新しい理論を手放しで礼賛するのではなく、自社のビジネス形態と顧客の購買行動を考えがなら取り入れる必要があります。

分析はすべからく、単に死に筋排除や売れ筋集中のためのツールではなく、考え、仮説を立てるきっかけ、あるいは検証するためのツールですから。

であれば、15秒程度で読めるでしょう。

このように、ビジネス書はビジネスでの経験値を高めることによって、「何を言わんとしているか瞬間的に察知できる」「考えなくても画像でイメージできる」領域が増え、ますます速く読めるようになるのです。

2 読書量を増やす

たとえば英文読解を思い浮かべてみてください。最初のうちは、単語を一つ一つ読んでいくために時間がかかりますが、たくさん読んで慣れてくると、一度に読める量がフレーズ単位、パラグラフ単位と増えていきます。

日本語も同様に、慣れれば一度に読み取れる量が増え、「カタマリ」として理解できるようになります。すると、同じ時間をかけても読める量が増え、この循環サイクルがノってくれば、スピードと理解力、記憶力が両立するようになります。

3　関心度を高める

自分の興味がある分野の本や文献は速く読めます。

また、強烈な問題意識があると、いわゆる「カラーバス効果（たとえば「赤」を意識すると、日常生活の中で赤いものが目につくようになる、という効果）」によって、必要なところだけが浮き上がってきます。

たとえば、「カネをかけないでウェブサイトを検索上位に表示する方法」を知りたいと思えば、流し読みをしても求めるキーワードが浮かび上がって見えます。リスティング広告の項目は読み飛ばし、外部リンクやワードチューニングといった箇所だけが目に入るのです。

速く読むためには、自分が何を知りたいのか、という目的を明確にすることが大切です。でもこれはもう、おなじみですね。

4 集中力を高める

これも当たり前ですが、集中力を欠くと、本の内容が頭に入らないですし、内容を咀嚼し新しいアイデアや発想を出すことも難しい。

集中力を阻害する要因は、「疲労（睡眠不足）」「空腹・満腹」「悩み・心配事」「興味関心のなさ」などがありますが、自分が集中できない原因を特定し、まずはそれを取り除く必要があるでしょう。

集中力は、先ほどの「関心度を高める」とイコールの関係にあります。関心が高ければ、どんなに疲れていてもどんどん読み進めることができます。とはいえ、「読みたい本」と「読むべき本」とは異なる場合もあり、「読むべき本」の場合は集中が途切れがちです。

なので、やはり集中する技術を持っておくことも必要です。

僕の場合は前述のように、

買ったらすぐ読む
一冊の本だけを持って電車に乗る
複数ジャンルの本を持ち歩き、気分に合わせてとりかえる

などの方法で集中力を維持するようにしています。

本を読むだけで即席専門家になる方法

経営コンサルタントが新規プロジェクトにアサインされたとき、業界理解のために、事前に大量の文献資料（本だけでなく、業界紙、専門誌、日経テレコン21で検索した膨大な量の新聞・雑誌記事など）を読み込みます。

自分が経験したことのない、未知の業界・業種の企業を、数カ月ごとに担当することが多いのですが、「知りません」では商売になりません。

自分がどんなに素人でも、「私たちはあなた方の業界をよく知っていて、適切なソリューションを提案できます」と言えるように、プロジェクトがスタートするまでに、クライアントのメンバーと対等以上に議論できるレベルまで理解しておく必要があります。

もちろん、専門知識では、何十年もその業界にいるクライアントにはかないません。しかしコンサルタントが勝負する土俵は、細かな知識ではなく、「そのビジネスの本質」を見据えた上での問題解決の提供ですから、本質理解のための情報収集をします。

専門家になる高速大量インプット・トレーニング

本質理解のために、コンサルタントは文献資料をあたる際、ある目的を持ってインプットします。その目的は主に次の5つです。

1 その業界は十分な成長可能性（ニーズ）があるか？
2 その業界で勝つには、規模と差別化のどれが比較的効くか？
3 その事業での儲け方にはどういうパターンがあるか？
4 その事業で「ここを押さえれば勝てる」ポイントは何か？
5 クライアントは、上記のどの位置で戦っているのか？

1ではビジネスとして追求する価値があるかどうかを理解します。

僕が働いていたコンサルファームのクライアントは、主に大企業が多かったため、やはりそれなりの潜在市場規模が必要でした。レコードの針をつくる大企業はいないように、自分たちがやる意味があるほどのマーケットがあるかどうかを判断する材料にもなります。

2では戦略の方向性を理解します。

たとえば、液晶テレビなどの消費財は、たくさんつくればつくるほど製造コストが低減し、価格競争力が出ます。つまり規模の経済が極めて効くわけです。逆にファッションなどの分野では、値段が安ければ売れるとは限らないですから、デザインの善し悪しといった差別化戦略が効きます。

なので、「その業界は、どちらの方向性が主流なのか？」を理解しておくということです。

3ではビジネスモデルのパターンを理解します。商品そのもので儲けているのか、アフターフォローで儲けているのか、自社流通かFCなどのネットワーク流通か、単品かセットか、配送かダウンロードか、といった儲け方の種類とその仕組みを理解します。

4ではKSF（キー・サクセス・ファクター）を理解します。

機能・味・価格・場所・デザイン・色・頻度・大きさ・重量など、当該事業では、何を押さえなければ負けるのか、あるいは何を押さえれば勝てるのか、を理解します。

5では、クライアントもしくは自社が、上記1～4の中の、いったいどこで戦っているのか、あるいは、戦おうとしているのかを理解します。

もちろん、1でも、具体的にどういうプレーヤーがいて、日本だけではなく、世界も含めて調査する、といろいろありますが、ここで重要なのは、「要するに何が知りたいのか?」という視点を持って情報にあたるということです。

そうするとアンテナが立っていますから、大量の資料を高速でインプットできますし、重要なキーワードは何度も出てきて目に入りますから、本質の理解がものすごく速くなる。そうすれば手戻りや何度も見返す作業時間も減ります。

結果として、**リサーチの時間を最小限に抑え、「考える」時間をより多く確保できるのです。**

コンサルタントは読むのではなく、文字を「拾う」

こうして、経営コンサルタントは、本に限らず大量の文献を、短時間で読みこなすという行為をしています。しかし、実は読んでいません。**読むのではなく、「拾っている」**のです。

最初から最後まで全体を速く読むのではなく、必要な箇所だけを拾っていく。目指すキーワードを見つけたら、そこで立ち止まって前後を読む。そしてまた次に行く。パラグラフごと、ページごとに飛ばしていくのは当然のことながら、一章まるまる飛ばすこともあります。本文に挿入された図版やまとめだけを拾う場合もあります。

また、多くの読書術の本に紹介されているように、**目次や索引を見て必要なページにアクセスする。あるいはページをぱらぱらめくり、小見出しだけをざっと目で追う。**特に小見出しは、著者だけでなく編集者もかなり力を入れて作りますから、内容予測に大変重宝します。

速読を助けるテーマ集中読書

この読み方が速読を助けるのにはもう一つの理由があります。それは、一つのテーマの文献を集中して大量に読み込むので、当該分野の知識量が加速度的に蓄積され、次に読む本でかぶっている情報を、大幅に読み飛ばせるようになる、ということです。

コンサルタントの速読術

経験値（高）
読書量（増）
関心度（高）
集中力（高）

➡ 速読＝ × 読む ／ ○ 文字を「拾う」 ➡1日10冊読破

1冊目をじっくり読むと、2冊目を読んだとき、1冊目に書いてあった同じ内容は飛ばせる。3冊目を読むと、さらに飛ばせる箇所が増え……というふうに、冊数が増えていけばいくほど、しかもまとめて集中的に読むので、記憶に残っている内容が多くなり、飛ばせる量も多くなる。前述の**「経験値」×「読書量」の累積効果**です。

反復読書のススメ

一冊の本を何度も繰り返し読む、というのは、一見、時間の無駄のように思えるかもしれませんが、僕は極めて重要だと思っています。

なぜなら、僕たちは日々新しい情報に触れたり新しいことを経験したりして、つねに成長・進化しているからです。時間を置いて読み返すことで、新しい気づきを得られるようになるからです。

また、受験勉強と同じで、一冊の本を繰り返し読むことで、より内容が脳にインプットされます。何度も触れることで、行間への洞察が進み、理解できることの幅と深さが生まれます。著者と同じような思考体系がインストールされます。

僕も**デール・カーネギー**の『**人を動かす**』などは繰り返し読んでいますが、もう、どこのページに何が書いてあるかまでわかるので、ほんとうに短時間で読み返すことができます。また、**ロバート・キヨサキの**「**金持ち父さんシリーズ**」も折に触れて繰り返し読み、ファイナンシャル・インテリジェンスを磨こうとしています。

僕の知人で、毎年、元旦に『**スラムダンク**』を全巻読み、燃えて1年のスタートを切る、という人もいます。

繰り返し読みたい本が見つかると、読書ライフはもっと楽しくなります。読みたいから、テレビを見る時間が減ります。読みたいから、飲み会に行っても一次会で帰ろうとします。読みたいから、すきま時間がムダにならなくなるんですね。

入門書は全部読む

即席専門家になる読書は、まず、目的や知りたいことを明確にして、当該テーマの本を10冊買ってきましょう。そして、第一冊目は入門書を読みます。

入門書の多くは広く浅くという構成になっていて、全体像を理解するのに役立つからです。全体理解のために読みますから、入門書こそ、最初から最後まで全部読みます。

最初はうすーい本が良いでしょう。「図解○○入門」などイラスト入りの本も、とっつきやすいと思います。短時間でざっと全体をつかむと、深めるべき論点、もっと知りたい分野がわかるので、次に読むべき本が明確になります。その場合、参考文献が多く記載されている本だと、さらに便利です。

ただ、理論書の中には、「入門書」とあっても、学者が書いたものなど難易度がかなり高い本も散見されます。僕も最近、不動産マーケットのデータ分析のために統計学を勉強していますが、2500円もする「統計学入門」がやたら難しく、あれこれ探して、結局新書に行き着きました。

なので、一項目くらいを読んで、自分のレベルで理解できるかどうかを確かめた方がよいかもしれません。

そうやって全部を読むと、脳の中に「これはこういうこと」というインデックスができてくるので、新しい情報に出会っても、あとはそのインデックスに格納するだけですから、スピードは格段に上がります。

さらにワンランク上の読書術

さらにワンランク上の読書術を紹介します。

それは、1「精密読書」と2「フレームワーク組み替え読書」です。

「精密読書」とは、難しい本を、丁寧に理解しながらじっくり読み込むということです。

たとえば統計学や経済学の本など、ロジックがしっかり組み立てられている専門書や、数式やデータで積み上げられている本は、さらりと読んでも頭に入りません。そういう本こそ、自分の言葉で話せるほど自分の中にくぐらせる必要があります。

昨今の速読・多読ブームとは対極の考え方ですが、実はとても大切な経験です。

僕も、経営コンサルタント時代に、**フィリップ・コトラーの「マーケティング・マネジメント」（ピアソン・エデュケーション）**という1100ページもある分厚い本を、他の本を読む合間を縫って、3カ月くらいかけて読み込んだことがあります。

コンビニチェーン本部で働いていた5年間、つねに「何が売れるのか？」「誰に売れるのか？」「どうやったら買ってもらえるのか？」ということを考え、試行錯誤してきました。それまでマーケティングの本はほとんど読んだことはなく、実務優先でしたから、理論的裏付けはほとんどありませんでした。

その後コンサルファームに入ってマーケティング戦略のプロジェクトにアサインさ

れたとき、クライアントを理詰めで説得する材料にと思い、この本を読んだのです（クライアントのプロジェクトメンバーの多くが欧米のＭＢＡホルダーでしたから、彼らと同じ言語を使う必要性に迫られたという理由もありますが）。

実務と理論の両輪がかみ合う、というのはこのことをいうのでしょう。おかげで、コンビニ時代に**取り組んだことの意味、結果の意味、考え方の意味が体系的に整理され、「ＷＨＹ－ＷＨＡＴ－ＨＯＷ」、つまり「なぜ・何を・どのように」という思考のフレームワークに沿って、自分なりの言葉で論理的に説明できる**ようになりました。

同時に、その後のさまざまなコンサルティングプロジェクトや、起業した後の不動産ビジネス、スクールビジネスなどにも応用できるようになりました。

開眼する瞬間

また、精密読書をすると、**ある時点から、開眼するというか、目の前の霧がすっと晴れた感覚を覚える瞬間が来ます。**

たとえばパソコンソフトはエクセルしか使えなくても、そのエクセルでなんとかしようとしてみる。エクセルではどうしてもうまくつくれない資料があるけれども、それでもムリしてなんとか切り口を探そうと四苦八苦し、やがてできるという経験をします。それがさらにエクセルへの習熟と洞察を深め、別のソフトであるワードやパワーポイントを使ったときにも、マスターが早いのです。

あるいは、ピアノの上達のために、こんな練習方法があるそうです。

普通は練習曲をたくさんマスターし、様々なテクニックを身につけるのですが、一曲だけでもいいから大曲をじっくり練習して自分のものにする、という方法も大変効果があるそうです。

大変なエネルギーと時間をかけて、完全に自分のものにする。1日数小節しか進まない日もあるほど徹底して練習する。そうすると、単に「弾ける」ではなく、「作曲者の想いや情景が浮かぶまで楽曲を理解する」ことにつながり、驚くほど表現力が高まる。そしてたとえ一曲でも完璧に弾ける、というのが自信になるそうなのです。

そういえば、受験勉強や資格試験の学習にしても、あれこれ浮気するのではなく、一冊を徹底的にマスターしてこそ力がつく、と言われますよね。僕自身、米国公認会計士の受験勉強では、Ｗｉｌｅｙ（ワイリー）という問題集を、問題文を見れば一瞬で答えが出てくるくらい、繰り返し勉強した記憶があります。

フレームワーク組み替え読書

ビジネス書の多くは、著者が経験したことや、あるいは成功事例・失敗事例のエッセンスを抽出し、原理原則論にまとめられています。いわゆる「フレームワーク」とか、型とか言われるものです。

もちろん、普遍的な型やフレームワークはありますが、かならずしも全員に当てはまるとは限りません。なぜなら、時代背景や経済環境、自分が持っている資源、競争相手となるプレーヤーの数、技術の進歩は、本が出版されたときとは異なり、常に動いているからです。

そうした旧時代のフレームワークや他人の型を、新時代のものに組み替えなければなりません。わかりやすいのは、教育やキャリアパスですね。

ワンランク上のコンサルタントの読書術

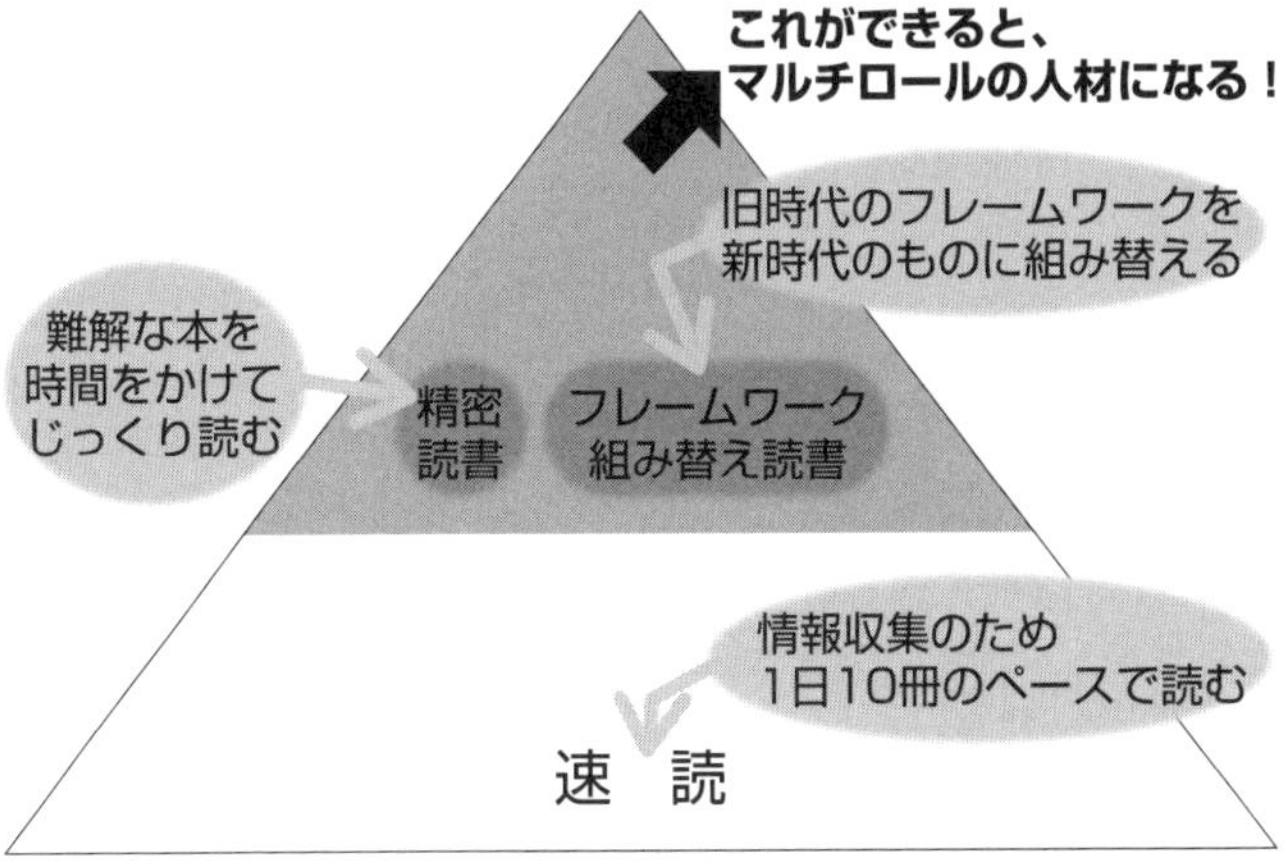
これができると、
マルチロールの人材になる！
旧時代のフレームワークを
新時代のものに組み替える
難解な本を
時間をかけて
じっくり読む
精密
読書
フレームワーク
組み替え読書
情報収集のため
1日10冊のペースで読む
速　読

たとえば、学校でいい成績を取って、いい大学に進学して、いい会社に就職すれば一生安泰、という旧時代の型が通用しないことは誰の目から見ても明らかです。

詰め込み教育も、一定の時期は必要なのかもしれませんが、これからは「考え抜く」とか、「自分で問いを設定し、最適解を導き出す」という教育の重要性が高まっていると感じます。もしかしたら、「卒業までには起業することが必修科目」となる大学もできるかもしれません。

他人のフレームワークを自家薬籠中のものとする

キャリアでも、バブル崩壊後はかつての

ゼネラリストが否定され、スペシャリストが礼賛されるようになりましたが、これからは、**ビジネスモデルを一から考え立ち上げてお金を稼げる、というスーパーゼネラリストが求められている**ように感じます。

つまり、マーケティングもセールスも、人材集めから育成まで**マルチロール（複数の役割）をこなせる人材になる**、ということです。

投資も同様に、過去のフレームワークが通じなくなってきています。世界経済のカップリング論を出すまでもなく、金融商品相互の連動性が高くなっており、分散投資をしてもリスク分散にはなりにくくなりました。

あるいは何かに投資していても、将来、現金に戻したいタイミングが今のような経済情勢だとしたら、全く増えていないどころか減っているかもしれないというように、長期投資は非常にギャンブル性が高い手法になっています。

そのため、他人の抽出した原理原則をそのまま使うのではなく、普遍的に使えるかどうかを見極めつつ、必要に応じて自分に当てはめ修正していく作業をする必要があります。

もちろん、これは難しい。だからこそ、**サラッと読んで分かった気になる人と、徹底的に考えながら読む人の差が開く**のだと思います。

コラム

専門誌・業界紙で現場実務を理解しておく

コンサルティングにおいて重要なプロセスの一つに、工場や営業所といった現場へのヒアリングがあります。また、提案した戦略を実行に移す、いわゆるインプリメンテーション系プロジェクトの際には、現場社員を巻き込まなければ成功しません。

そういう意味でも、現場実務をある程度理解しておくことは、彼らから情報を引き出したり、やる気になってもらったりするためにも必要なことです。

単に「こうすべきです」と言ったところで、「正論だけど、そんなに単純なものじゃない」「あんたたちは現場を知らないから言えるんだ」と反発されてしまいますから、彼らの言語、彼らの空気感、リアルに起こっている苦労をわかった上で、変革プログラムを実践しなければなりません。

その方法の一つが、業界紙や業界専門雑誌を読んでおくことです。前述の「高速大量インプット」は、あくまで高い目線から見たビジネス環境全体の理解です。しかし、現場実務を知るときは、専門誌や業界紙が役立ちます。

専門誌や業界紙を見れば、今リアルに何が問題で、その業界の人たちは日々どんな問題意識を持っていて何に取り組んでいるのかが書かれていて、現場の空気感がある。つまり、現場が見えるようになるのです。

ロジックだけでアウトプットしても、「乾いてるね」「そんなのできないよ」で終わってしまう。しかし、いったんコンサルタントという立場を横に置いて接する。クライアントと同じ語彙で話し、クライアントと同じ問題意識を共有できると、クライアントの現場担当者と話がかみ合うので、「あんた、わかってるね！」と若くても信頼されるようになるのです。

この章のまとめ

□ 経験値×読書量×関心度×集中力で速読ができるようになる

□ コンサルタントは一字一句読むのではなく、キーワードとなる文字を拾って、飛ばし読みする

□ 入門書を大量に読むことで、即席専門家になる

□ 難解な本をじっくり読むことで、理論と実践がかみ合うようになる

□ 読書で古いフレームワークを新しいフレームワークに組み替える

6章

頭のいい人のお金のトレンドを読む技術

タイトルはマーケティングのたまもの

僕自身、本を書くようになってから、本の読み方が変わりました。そういう意味で、本ができるプロセスを知ることによって、本の選び方や読み方が一段深くなるのではと思い、本ができる裏側を少しご紹介したいと思います。

本も他の商品と同様、著者や出版社、そして書店にとっては商品ですから、売れなければ意味がありません。だから売れるように工夫をします。

わかりやすいのが、タイトルです。

ほとんどの場合、本のタイトルは著者ではなく出版社側が決めます。なぜなら、内容のクオリティは著者の責任ですが、原稿を商品化して売る、ということに関しては、ほぼ全ての経済的リスクを出版社が負うことになるからです。

これが自費出版なら、出版コストは著者負担なので、自由な本づくりができます（でもこれでは出版社は真剣になれませんから、いろいろトラブルが起こりやすいわけです）。

本書のような商業出版の場合は、装丁デザイン代、校正代、印刷・製本代も物流コストも保管コストも販促費も、すべてのコストを出版社が負担します（物流コストの一部は取次も負います）。

だから著者が強引に自分の意見を押し通して、売れればいいですが、もし売れなかったら目も当てられません（僕もそこらへんの事情を自分なりに理解し、タイトル案の提案はしますが、最終決定は出版社にお任せしています）。

出版点数の多い昨今、大御所の作家や有名人でなければ、タイトルが売上のほとんどを左右するため、どうしても誇張・過激・派手、というものになりがちです。だから、タイトルだけで選ぶと、たまにタイトルと内容がマッチしないものもあります。

ですから、「ミスマッチは避けたい！」という人は、目次も確認したほうがいいでしょう。

発想を広げてトレンドをつかむ雑誌活用法

第一生命保険が2007年に小学生以下の子供を対象とした「大人になったらなりたいもの」アンケートでは、
男子：1位野球選手、2位が学者、3位がサッカー選手。
女子：1位が食べ物屋、2位が看護士、3位が保育士、
という結果だったそうです。

つまり、テレビなどでよく見る職業は想像ができるので、憧れることができる。でも、知らない仕事は「なりたい」と感じることはありません。同様に、想像できないことは目標にはできず達成できないが、想像できることは目標にできるので、達成できる可能性があるということです。

たとえば、「日本でどれだけ充実して生きるか」しか考えてこなかった人でも、ウ

オーキングダイエットで有名なデューク更家氏を知ることによって、モナコに住居を構え、日本だけでなくヨーロッパを飛び回りウオーキングを広める、という生き方もあると知る。それが望ましいと感じれば目標にできる。他の世界を知れば、自分の世界観も広がり、目指したい姿のスケールが広がる。

同じ人種、同じ業界しか見なければ、小さな世界で満足してしまいます。それを防ぐために、**人よりちょっと多めに勉強して、違う世界を知ろうとすることが大切**です。ビジネスマンはどうしてもビジネス書に偏りがちですから、そうすると、発想も偏ってしまいますからね。

そこで、好奇心を刺激し、自分の知らない世界を知ろうとしてみましょう。

好奇心を刺激する雑誌ザッピング

ただ、「いろんなことに好奇心を持て」と言われても、なかなかそうもいきませんよね。「書店に行ったら新刊コーナーかビジネス書コーナーに直行する」という人も多いのではないでしょうか。かといって、宗教コーナーや家庭の医学コーナーに行って無理して本を買っても、結局読まずじまいになってしまうでしょう。

そこで、僕が意識してやっている方法をご紹介します。それは、年に一回か二回、「普段絶対買わないような分野の雑誌を買って、眺めてみる」という方法です。

そんなに興味がなくても、雑誌は写真や絵などのビジュアルが多いので、ぱらぱらと眺め読みができますから、苦にならないし、飽きません。

「そんなこと言ったって、あまり興味をそそられるものがないんだよな〜」と思うかもしれませんが、大型書店に行けば、オタクでマニアックな雑誌のオンパレードで、楽しくなります。そして、読んでみると、結構「へえ〜！」と感心させられます。

こうしたマニアな本には必ず読者投稿欄があり、こういうディープな世界にハマッている人たちの活動を垣間見ることができます。「こういうものもニーズがあるのか」と気づくので、世の中の儲けの仕組みを考えるヒントになります。

ビジネス雑誌も読みますが、主に本の企画を探すために目を通します。たとえば「日経ビジネスアソシエ」「ＴＨＥ２１」などはさまざまなスキルが紹介されているので、企画のひらめきが湧いてきます。

他にも「サイゾー」はサブカル情報を、「クーリエジャポン」は普段触れる機会の少ない海外ニュースをおもしろく伝えてくれます。

雑誌は知識や情報を得るため、というよりも、**自分の好奇心を探すため、興味の幅を広げるために**眺めています。その中で、**興味・関心のある分野が見つかったら、改めて書籍を買ったり、他の文献を読んだりして深く掘り下げていく**のです。

雑誌から重要情報をつかむには

本に書いてある一言から、裏側の世界を想像する。断片的な情報や、ちょっとした一言から、別の世界を想像する、という習慣ができれば、読書はさらに楽しく、そしてお金に結びつく可能性が高くなります。

先ほどの「クーリエジャポン」に、イタリアのカフェチェーン、「イリー」の会長が、「コーヒー豆の手持ち在庫日数は1カ月を切っている」とコメントしている記事を読みました。どうやら中国に1億人くらいいると言われる新興富裕層が、お茶からコーヒーへとスイッチしているらしいのです。ここから僕は考えてみました。

「中国の富裕層はもっと増えそうだし、インドでも紅茶からコーヒーへと嗜好が変わる可能性があり、コーヒー需要はさらに増すだろう。コーヒー豆の耕作面積は、大豆やコーンと比べればそう簡単に増やせないから、需要超過によって価格が上昇する可能性がある。そこで、商品先物取引でコーヒーを買っておくか」

と連想したのです。そして、実際に相場動向を見たら、やはりこの不況で暴落して割安な価格になっています。しかし、板情報を見ると、取引枚数が数枚程度しかない限月もあり、流動性が低く、売却時のリスクが高い。

というわけで取引は断念し、結果的にはお金になりませんでしたが、自分をとりまく世界はまだまだ未完成であり、自分の理解を超えた世界がたくさんあるんだなあと感じます。

雑誌だけでなく書籍でも、そうやって想像しようとすると、ところどころで自分の価値観にはないところで違和感を覚えることがあります。その違和感を素直に受け止め、「なぜだろう?」と思える感度を磨くことによって、読書によって自分の枠組みを壊し、広げられるのではないでしょうか。

出版されるすべての本を読むことはできませんから、一冊の本からどれだけたくさんの「!」や「?」を引き出せるかが重要だと思います。

雑誌は中身を読まない

僕にとっての雑誌の最大の魅力は、実は中身よりも、最後のほうにある、怪しげな通販の広告である、といっても過言ではありません。なぜこれが魅力的かというと、「**売れるキャッチコピーのお手本が満載」の教科書**だからです。

お金持ちになれるという黄色い財布、幸運をもたらしてくれるというパワーストーン、飲むだけでやせるというダイエット食品などなど。どう考えても効果なさそうで、非常にうさんくさい（笑）。

これらの広告は、ほぼ毎月掲載されています。広告を出し続けるということは、それなりに売れているからでしょう。

毎月、数百万円～数千万円の売上をたたき出す、たった1ページの広告。当然ここには、徹底的に考え抜かれた、「売れる仕組み」が満載というわけです。

たとえば、「お客様からの声」「専門家のお墨付き」「期限つき返金保証」「写真」「具体的な数字」「ストーリー性」「おまけ・特典」といった、今ではおなじみとなったダイレクトマーケティングの要素がたっぷり入っています。そのうえ、欲求をかきたてるコピーがぎっしり詰まっている。

ネットは書きたいことを無限に書けますが、雑誌広告は1ページとか2ページとか、紙面に限りがありますから、販促効果があるものだけが凝縮されています。

それに対して、ビジネス雑誌の広告主は、有名大企業が多く、知名度や信用力で売れることもありますから、それほど参考になりません。それに、彼らはあまり冒険もできないでしょう。

しかし、怪しい商品の怪しい広告は、広告主も知名度がありませんから、純粋に広告の力だけで売らなければならない。つまり、広告主が死ぬほど考えて試行錯誤した集大成が雑誌広告ですから、学習教材としては最適なのです。

これは僕の個人的な考えですが、商売をやっている人は、雑誌広告をみっちり読み込むべきだと思います。実際に今、売れている広告が教科書としてそこにあるわけですから、**小難しいマーケティング本を読んで理屈をこねるよりも、こうした怪しい（けれど売れる）雑誌広告を何百、何千と読み込むほう**が、何倍も効果があります。

上達のプロセスを理解すると、読書が楽しくなる

読書法の本を読むと、スカ本、無駄本、ハズレ本、ダメな本、というのがあるようです。そんな本を買ってしまうと、お金も時間ももったいないので、いかにハズレ本を避け、よい本を選ぶか、というのが大切だということです。

しかし僕は、基本的に無駄な本やダメな本はなく、必ず何か学ぶものがあると考えています。何か一つでも響く言葉やフレーズがあれば、それで元はとれると思ってい

るからです。

どんな本であれ、編集者というフィルターを通って出版されます。出版社によっては、校正者や編集長、局長など、さらに複数の人のフィルターを通り、会社としても「商品としてＯＫ」という判断が出されています。

ですから、たしかに誰かにとっては役に立たないかもしれないし、部分的には間違っている内容もあるかもしれない。偏っている本もあれば、うのみにすると危険な本もある。

でも、**そういう間違いや偏りを見抜いてなお、机上の空論部分を自分の頭の中で排除し、重要な情報を拾い上げられるかどうか**が、読書から学べる人になるかどうかを分かつのではないでしょうか。

そうやって、どんな本からでも学べると考えれば、本選びに迷わないし、読んで無駄だったということがなくなります。

もし「役に立つことが何もない」と感じたとしたら、自分の中の「**情報を認知する成熟度**」が不足している可能性を疑ってみましょう。

そういう境地に至ったのは、書き手として出版プロセスを理解するようになったから、という理由もありますが、もっと大きな理由は、成功した経営者や著者と交流するようになったことにあります。

彼らのように人の上に立つ人や優秀な人は、どんなに格下の相手からでも謙虚に学ぼうとするし、相手の優れた部分を引き出して褒めようとします。

つまり、スキルのパターンシステム（要するに修羅場をくぐり抜けてきた経験値）をたくさん持っていて、視点の多様性を意識しているため、**相手が自分のレベルより総合的に劣っていても、部分で優れた点を発見し、それを吸収することができる**のです。

無駄な本は一冊もない

本を読むときにも同様で、自分のレベルよりも下の本や、普通の人が批判する本からでも、参考になる点を見い出して学べるかどうかが、今後もその人が伸びるかどうかの分かれ目となります。

つまり、**入門書や初心者向けに書かれた本を読んだときにも、「まだ学ぶものがある」と感じることができるかどうかが、自分の成熟度を測る尺度になる**のです。

ということは、「読む価値がない」と言っている時点で、自分の感受性の鈍さや、洞察力のなさ、器の小ささを露呈しているようなものですから、結構はずかしい発言だということになります。

以前読んだときにはたいしたことないな、と思っていた本が、数年後に読み返すと、すごくよい本だった、という経験はないでしょうか。

実務を経て成長することによって、さらりと書かれてあることが、自分の経験と結びついて、より納得感を高め、気づきも多くなるのです。

逆に、昔読んだときはすごく感激したけど、今読むと、それほどでもないなあ、と感じることもあると思います。それはあなたが成長している証しです。

ヌルく仕事をしている人が、仕事術の本を読んだとしても、仕事ができるようにはならない、というのが、最近いろんなビジネスパーソンと接していて感じることです。

ビジネス書を読む人は向上心のある人だ、と一般的には思われていますが、皆がそうとは限りません。

向上心というよりも、「ラクして能力が高まる期待をしている人」「今の状態から抜け出す答えが本の中にあると思っている人」「本業を徹底的にやる覚悟ができておらず、読書に逃げている人」が、実はたくさんいるのです。

漠然とした不安感が、目の前の仕事ではなく、仕事術の本に向かわせるのでしょう。確かに読めばなんとなく賢くなった気分にさせてくれます。知っていることがあれば、勇気をもらえます。「自分は努力しているんだ」と自尊心を維持できます。読書をしている間は不安感から逃れることができます。でも読み終わってしばらくするとまた不安になるので、次々と仕事術の本を読んでいくことになります。

不安を払拭するには、実践あるのみ

読者が持つ実務経験の質・量と、本を読むことによって学べることのレベルは、比例するのではないかと感じています。

実務経験が豊富で深い人ほど、一冊の本から深く学べ、多読の効果が大きくなる。しかし、実務経験が浅い人は、書いてある言葉通りにしか受け止められず、その根底に流れる著者の哲学や思想を読み取ることが難しい。そういう人たちが、「そんなことは知っている」と、次々とビジネス書をジプシーのように読み歩くのでしょう。

でも、それでは不安からはずっと逃れられない。

本を読んで「こうしよう」「こうしたい」ということが決まったら、本をいったん閉じ、あとは脇目もふらずに実践するだけ。それが不安を払拭する最善の方法だと思います。

たとえば、「英語が大事」ということを読み、「英語を短期間で上達させよう」と決意したとします。でもそのためには、余暇のすべてを英語学習に充てる必要がある。通勤時間はもちろん、コマ切れ時間さえもオーディオテープを繰り返し聞き、原書を読む。家に帰ればぶつぶつ発音の練習をする。飲み会などの誘いもほとんど断り、カフェでディクテーションする。休日は洋画を観て、気に入った表現をメモする。

そうやって、日常生活の中で、英語習得の優先順位を最も高く置く。仕事以外の時間は全て英語学習を中心に生活を組み替える。英語習得に必要でないスキルの獲得は後回しにすると割り切り、いっさい手を出さない。

平穏な生活を異常な生活に切り替え、それを日常にしていくことによって、短期間で語学を上達させることができる。そして、それが自信を生む。

何か一つ乗り越えたあとで本を読むと、驚くほど腑に落ちる。また一つ、乗り越えて本を読むと、さらに深いところまで理解できる。

僕も、ビジネス書から本当の意味で学ぶことができるようになったのは、恥ずかしながら、つい最近のことです。それはやはり、仕事をがむしゃらにやってたくさんの失敗を経験する中で、著者が言わんとしていることを、くみ取れるようになってきたからだと思います。

やるべきことが決まれば、仕事にどうしても必要な本以外は読む時間はないし、その必要もないのではないでしょうか。

「目の前の仕事を死ぬ気でやる」ということを読んでも、土日は休み、年末年始も休む人がほとんどです。しかしそういう人は、本に書いてあることを愚直に実践する人には勝てない。土日も年末年始も関係なく仕事をして、文字通り「死ぬ気で勝ちを取りに行く」人間には、絶対に勝てないのですから。

コラム

新聞は読むべきか？

1つ質問です。

みなさんは、毎朝新聞を読んでいますか？

それはなぜでしょうか？

「世の中で何が起こっているかを知るため」

「最新ニュースを把握するため」

なるほど。

では、今まで**新聞の中から、新しいビジネスチャンスは見つかりましたか？**

競争優位に立つヒラメキが得られましたか？

自分がハッピーになるヒントが見つかりましたか？

「イエス」と言える人は、本書を読まなくても、十分ビジネスの世界で優位に立っていけるでしょう。しかし僕は新聞の読み方が悪いのか、まだまだ想像力に乏しいのか、そんなものが見つかったことは一度もありません。

僕が新聞をとっているのは、セミナーや講演会で使う記事を抽出するためです。多くの人が新聞の情報に信頼感を持っていますから、新聞記事をそのまま講演会でスクリーンに映すことは、こちらが発信する情報の信頼性を高めてくれるのです。

それ以外の用途では、僕は新聞の効用を感じないので、普段は新聞をまったく読みません（このあたりは拙書**『大事なことは3秒で決める！』アスペクト**をご参照ください）。

新聞の悪口を言うつもりはありませんが、そもそも情報が古いのです。

そんなバカなと思いますか？

確かに速いものもあります。しかし、僕たちが本当にいち早く知らなければならないのは、GDPや日経平均や失業率がどうなるとかではありません。

僕たちが知るべきは、時代の潮目が変わろうとする、その胎動です。いったい今はどういう風が吹いているのか、あるいは風向きはどう変わろうとしているのか。

しかし、新聞が報道するころにはもう遅すぎる。これは週刊誌や月刊誌も大差ありません（もちろん、新聞、週刊誌、月刊誌ともに役割が違いますから、そういう違いを無視した意見だということは割り引いて読んでください）。

不動産価格が下落に転じているのを僕が初めて新聞で見たのは2008年の春ですが、僕たちは2007年の初夏にはその動きを察知していて、物件を抱えている取引先には早期の売却をアドバイスしていました（それらの会社の多くは倒産してしまいましたが）。

時代の潮目というのは、新聞でも雑誌でも本でもなく、現場での小さなさざ波から起こります。ですから、自分の足で現場を見る、という姿勢が大切です。

この章のまとめ

□ 本のタイトルから時代のトレンドをつかむ

□ 雑誌は中身を読まないで、キャッチコピーの参考にする

□ 入門書や初心者用の本からも積極的に学んでいく

□ 信憑性の高い情報の出所として新聞を活用する

おわりに

カンのいい人なら、すでにお気づきだと思います。

それは何かというと、本から学ぶということは、受け入れつつ疑うとか、じっくり速く読むとか、全部読んだり飛ばしたりとか、えらく矛盾した方法を組み合わせながら読むということに。

でも僕は、これが結構重要だと考えていて、俗に言う「清濁併せのむ」みたいなものではないかと思っています。

この「矛盾したことを両立させる」という表現を堂々と使えるようになったのは、箭内道彦さんが『**サラリーマン合気道**』**（幻冬舎）**の中で、やはり同じことを言っていて、それまでぼんやりと思っていたことを言葉として見せられたときです。

彼が堂々と、しかも何の気負いもなく、「矛盾した内容かもしれない。でもそれも僕なんだ」とさらりと言ってのけているのを目にし、僕も迷わず使えるようになりました。

余談ですが、本書の原稿は、編集作業を通じてかなりカットされました。ページ数が多くなる、難しすぎる、表現が挑発的すぎる、事例がマイナーすぎるという理由によって、相当量の原稿がボツになりました。もちろん、商業出版として全国に流通するものですから、やむを得ないことではあります。

だから、と言うと、言い訳になってしまいますが、言い足りないことはたくさんあります。矛盾した方法を埋める説明が足りないかもしれないですし、極端な主張をする根拠の説明が足りないかもしれない。

でもご理解いただきたいのは、読書術とは、ポストイットを貼るとかの小手先のテクニックではなく、あくまで「考え方」であるということです。

なぜなら、テクニックはみんながマネすれば陳腐化し、環境が変われば同じ成果は再現できなくなりますが、「考え方」は、違う人でも違う場面でも応用でき、成功の再現性確保につながるからです。

さて、僕は自分で書いた過去の本も、折を見て読み直すようにしています。すると、以前はやっていたのに、いつの間にかやらなくなっていたこと、あるいはもっと進化したことなどに気づくことができます。本書も同様に、これから何度も読み直すことになるでしょう。

だから本書は、読者に伝えたい、という内容だけでなく、実は読書に関する僕自身の反省と、今後の自分への課題として一冊の本にまとめた、という側面もあります。なので、自分で書きながら、あえて自分にグサリと突き刺さるような言葉を選びました。そうやってつねに意識し、習慣にしていきたいからです。

僕自身、もっともっと成長したいですし、まだまだ日々修行中です！

追記‥

遅い原稿と、カンカンガクガクの議論におつきあいいただいた、ビジネス社の岩崎英彦さんに感謝の意を表します。ありがとうございました。

＊参考文献

『なぜ会社は変われないのか』(柴田昌治著、日本経済新聞社)
『V字回復の経営』(三枝 匡著、日本経済新聞社)
『ザ・ゴール』『ザ・ゴール2』(エリヤフ・ゴールドラット著、ダイヤモンド社)
『社長失格』(板倉雄一郎著、日経BP社)
『金持ち父さんの若くして豊かに引退する方法』(ロバート・キヨサキ著、筑摩書房)
『世界が完全に思考停止する前に』(森達也著、角川書店)
『菜根譚』(洪自誠著、ディスカヴァー・トゥエンティワン)
『孔子』(渋沢栄一著、三笠書房)
『投信バブルは崩壊する！』(須田慎一郎著、ベストセラーズ)
『お金は銀行に預けるな』(勝間和代著、光文社)
『情報の「目利き」になる！』(ちくま書房)
『クルマが長持ちする7つの習慣』(松本英雄著、二玄社)
『メディア・バイアス　あやしい健康情報とニセ科学』(松本和紀著、光文社)
『失敗をゼロにする、実戦不動産投資入門』(秋津智幸著、アスペクト)
『一瞬で自分を変える法―世界No.1カリスマコーチが教える』(アンソニー ロビンズ著・本田健訳、三笠書房)
『やる気のスイッチ』(山崎拓巳著、サンクチュアリ出版)
『タフ＆クール』(長谷川耕造著、日経BP社)
『ポップコーンはいかがですか？』(山本マーク豪著、新潮社)
『ネット起業！あのバカにやらせてみよう』(岡本呻也著、文藝春秋)
『気骨』(呉士宏著、日経BP社)
『3色ボールペンで読む日本語』(齋藤孝著、角川書店)
『図解　仕事ができる人のノート術』(樋口健夫著、東洋経済新報社)
『世界一の庭師の仕事術』(石原和幸著、WAVE出版)
『涙の数だけ大きくなれる』(木下晴弘著、フォレスト出版)
『考える達人になる方法』(日下公人＋ソフト化経済センター著、太陽企画出版)
『マーケティング・マネジメント』(フィリップ・コトラー著、ピアソン・エデュケーション)
『スラムダンク』(井上雄彦著、集英社)
『エンゼルバンク』(三田紀房著、講談社)
『年俸5億円の社長が書いたお金を生み出す知的生産術』(平秀信著、アスコム)
『一勝九敗』(柳井正著、新潮社)
『銀のアンカー』(三田紀房著、講談社)
『サラリーマン合気道』(箭内道彦著、幻冬舎)

●著者略歴
午堂登紀雄（ごどう・ときお）

米国公認会計士。株式会社プレミアム・インベストメント&パートナーズ代表取締役。

1971年、岡山県生まれ。中央大学経済学部卒。

会計事務所、大手流通企業を経て、世界的な経営コンサルティングファームであるアーサー・D・リトルに移り、経営コンサルタントとして活躍する。

現在は、個人投資家を対象に不動産投資コンサルティング会社の代表取締役として、2つの会社を経営。そのほか複数の事業に出資する投資家としても活動中。

本から得た情報を自分の中に取り込んで実践し、軌道修正してさらに繰り返し実践し、収入をアップさせる「お金に換える読書」を仕組み化して、資産3億円を築くことに成功した。

著書に、『脳を「見える化」する思考ノート』（ビジネス社）『33歳で資産3億円をつくった私の方法』『30代で差をつける「人生戦略」ノート』（三笠書房）『頭のいいお金の使い方』（日本実業出版社）などがある。

午堂登紀雄オフィシャルウェブサイト:http://www.drivin-yourlife.net/
(株)プレミアム・インベストメント&パートナーズ:http://www.rei-masters.net

頭のいい人だけが知っている**お金を稼ぐ読書術**

2009年7月7日　第1刷発行

著　者　午堂登紀雄
発行者　鈴木健太郎
発行所　株式会社ビジネス社
〒105-0014　東京都港区芝3-4-11（芝シティビル）
電話　03(5444)4761(代表)
http://www.business-sha.co.jp

カバー印刷／半七写真印刷工業株式会社　本文印刷・製本／株式会社廣済堂
〈編集担当〉岩崎英彦　〈営業担当〉山口健志

ISBN978-4-8284-1516-1